평범한 그들이 어떻게 30대에 건물주가 되었을까?

평범한 그들이 어떻게
30대에 건물주가 되었을까?

초판 1쇄 2023년 1월 27일
초판 2쇄 2023년 1월 30일

지은이 서울행복지킴이(김태봉) 외 8명
펴낸이 최경선
펴낸곳 매경출판(주)
책임편집 정혜재
마케팅 김성현 한동우 장하라
디자인 김보현 이은설

매경출판(주)
등록 2003년 4월 24일(No. 2-3759)
주소 (04557) 서울시 중구 충무로 2(필동1가) 매일경제 별관 2층 매경출판(주)
홈페이지 www.mkbook.co.kr
전화 02)2000-2641(기획편집) 02)2000-2645(마케팅) 02)2000-2606(구입 문의)
팩스 02)2000-2609 **이메일** publish@mkpublish.co.kr
인쇄·제본 (주)M-print 031)8071-0961
ISBN 979-11-6484-512-5(03320)

젊은 투자자들이 건물을 가질 수 있었던 가장 현실적이고 합리적인 재테크 비결

평범한 그들이 어떻게 30대에 건물주가 되었을까?

서울행복지킴이

정설

라이언79

빅토리아

고고고

나비

32년 100억

행복하자아

알렉스김

지음

매일경제신문사

대한민국은 부동산을 최고의 투자처라고 생각한다. 부동산 불패라는 말이 있듯이 부동산 투자는 오랫동안 대한민국의 경제를 움직이며 중추적 역할을 해왔다. 주식 투자, 코인 투자, 부동산 투자 등 여러 종류가 있지만 투자자 입장에서 부동산만큼 안전하면서도 높은 수익률까지 가능한 투자는 없었을 것이다. 하지만 최근 아파트 시장의 급등과 급락을 보면 부동산 투자가 마냥 안전한 투자라고 말하기는 힘들다. 그래서 현재 투자자들은 투자처에 대한 고민이 많고 어디에 투자를 해야 할지 혼돈스러운 것도 사실이다.

부동산 투자에서 안정성에 대한 고민은 아파트 투자를 벗어나면 좀 더 쉽게 해결될 수 있다. 땅을 근간으로 하는 건물 투자가 답이다. 최근 몇 년 동안 크고 작은 굴곡에도 불구하고 건물 투자 시장에 많은 신규 투자자들이 진입했다. 그만큼 건물 투자의 높은 투자 수익률과 투자 안정성이라는 매력이 크다는 방증일 것이다. 그렇다면 건물 투자는 어디에서부터 시작해야 하고 어떻게 공부해야 하는 것일까? 대다수가 막막하고 갈피조차 잡기 어려울 것이다. 사람들은 건물 투자가 자본금이 많은 부자들의 투자라고 생각하는데 사실은 전혀 그렇지가 않다.

우리가 가장 흔하게 볼 수 있는 것 중에 하나가 건물이다. 우리가 집 밖을 나와서 가장 먼저 접하는 것도 건물이고, 친구들을 만나는 곳도 건물이고, 일하는 공간도 건물이다. 이렇게 우리는 가장 흔하게 접하는 것 중에 하나가 건물임에도 불구하고 그 건물을 소유하고 건물에 투자하는 것은 나와는 전혀 상관없는 남의 이야기라고 생각한다. 건물이라는 것이 일부 부자들만이 누릴 수 있는 가장 큰 자산 중 하나라고만 생각한다.

건물 투자 자체가 어렵기도 하지만 가장 큰 이유는 건물 투자에 대한 정보가 공공연히 오픈되고 있지 않기 때문이다. 건물 투자에 대한 정보를 스스로 습득하여 성공한 사람들은 대부분 그 정보를 쉽게 알려주지 않는다. 그만큼 정보의 가치가 돈으로 환산할 수 없을 만큼 값지기 때문이다. 건물 투자는 해본 사람만이 그 세계를 알 수 있고 그 노하우는 자식에게도 알려주지 않는다는 말도 있을 정도다.

9명의 저자들은 하나같이 평범한 사람도 부동산 투자에 그리고 건물 투자에서 성공할 수 있다고 말한다. 이 책을 읽다보면 나와는 거리가 멀다고 생각하는 건물주가 바로 나, 내 가족, 내 친구, 내 지인과 별반 다르지 않다는 것을 느낄 수 있을 것이다. 이토록 평범한 직장인이자 가정주부 자영업자이기도 하고 나이도 많지 않은 저자들이 건물주로 성공할 수 있었던 비결은 무엇일까?

실제로 저자들은 크지 않은 종자돈으로 투자에 성공하여 눈에 띄는 결과를 만든 산증인이다. 오랫동안 어렵게 스스로 체득한 건물 투자의 진짜 노하우를 이 한 권의 책에 가감 없이 담았다. 또한 실제 사례를 바탕으로 엑기스만 뽑아 누구나 실행할 수 있도록 친절하게 설명하고 있다. 저자들은 이 책을 통해 노력하고 공부하는 자세만 갖춘다면 충분히 자산가 대열에 들어설 수 있다고 거듭 강조한다.

저자들은 특별한 사람이 아니고 많은 자본금이라는 혜택을 가지고 건물 투자에 뛰어든 것도 아니다. 하지만 자본금과는 상관없이 일찌감치 부동산 투자에 관심을 갖고 공부하고 찾아다녔으며 간절함을 가지고 능동적으로 실천에 옮겼다. 누구나 부동산 투자에 좀 더 일찍 관심을 가지고 성실하게 단계를 밟아나간다면 건물주가 될 수 있다. 이 말은 하고 싶다. 건물주는 누구나 도전할 수 있지만 아무나 될 수는 없다. 그만큼 노력이 필요하고 노하우를 쌓아나가는 영민함도 필요하다는 말이다.

이 책의 또 다른 장점은 서로 다른 환경과 다른 직업을 가진 각 저자들의 이야기를 담고 있다는 것이다. 건물 투자에서 실제로 맞닥뜨리게 되는 다양한 상황을 통해 건물주가 되고 싶은 사람이라면 반드시 겪게 되는 A부터 Z까지를 이 한 권의 책으로 습득할 수 있다. 이 책을 읽는 독자들의 상황은 저자들 중 하나와 같을 것이다. 비슷한 환경에 있지만 먼저 건물 투자에 눈 뜬 저자들의 경험과 노하우를 읽고 한번 무작정 따라해 보는 순간 부동산 초보자들도 어느새 건물주의 대열에 들어설 수 있을 것이다. 이제는 남의 이야기가 아니다. 누구나 부러워하는 건물주 당신도 할 수 있다. 이 책을 통해 많은 사람들이 부동산 노하우를 쉽게 습득하고 자산가의 길로 들어서길 희망한다.

대표저자 서울행복지킴이

차 례

PART 1

4,000만 원으로 시작해서
약 60억 원의 자산가가
되기까지

by 서울행복지킴이

건물 투자를
시작한 이유

야, 너도 건물 살 수 있어!

최근에 광고 카피에서 가장 눈에 띄는 문구가 바로 "야, 너두 ○○ 할 수 있어!"다. 이 문구는 자신감이 없거나 '나는 아니겠지'라는 생각에 용기를 주는 문장이기도 하다. 그럼 이 문구를 건물 투자에도 적용할 수 있을까? 우리가 살아가면서 흔하게 볼 수 있는 건물들, 우리는 그 건물들을 보면서 우리가 살 수 있을 거라는 생각을 좀처럼 하지 않는다. '조물주 위에 건물주'라는 표현이 있을 만큼 건물주를 부의 끝이라고 생각하기도 하고, 또한 건물주는 돈이 많은 사람들만 될 수 있는 거라고 생각하는 게 현실이다. 하지만 절대 그렇지 않다. 평범하기만 한 나도 해냈기 때문이다. 물론 그 길이 쉽지만은 않다.

하지만 생각하는 것만큼 어렵지도 않다.

우리가 아파트 투자는 많이 하면서 건물 투자는 왜 어려워하는가? 건물 투자는 그만큼 알기도 쉽지 않고 정보도 많지 않기 때문이다. 이 한 권의 책에 내가 쌓아온 지식과 노하우를 최대한 엑기스만 담아 보았다. 그동안 건물 투자에 대한 선입견을 갖고 있었다면 새로운 시각을 얻어갈 수 있을 것이다.

최악이 최악은 아니다!

내가 부동산 투자를 시작하게 된 계기는 바로 '최악이 최악은 아니다!'라는 문장이었다. 내가 살아온 스토리를 들어보면 누구든 건물 투자를 할 수 있다는 용기를 얻을 수 있을 것이다. 또한 현재 힘든 시기를 겪고 있는 사람이라도 누구나 시작한다면 건물주가 될 수 있다는 것을 알게 될 것이다. 어렸을 적부터 가난하게 산 나는 한 번도 부동산 이라는 것을 공부할 생각도 해본 적 없고 접해볼 기회도 없었다.

나는 대학교를 들어가고 결혼하기 전까지 반지하를 벗어나본 적이 없다. 넉넉지 않은 가정형편에 엎친 데 덮친 격으로 대학생 때 아버님이 뇌경색으로 쓰러지셨고, 대학을 졸업하기 위해 학자금 대출과 과외에 의존할 수밖에 없었다. 남들이 공부에 집중하고 유학도 가고 여러 학원에서 스펙을 쌓는 순간에도 돈을 벌어야 했다. 하지만 현실을 한 번도 원망하거나 부정적으로 생각해본 적이 없다.

나를 버티게 해준 문장이 바로 '최악이 최악은 아니다'라는 긍정적인 마인드다.

30살에 결혼을 하게 되었지만 나의 결혼자금은 4,000만 원이 전부였으며, 이 돈 역시 부모님께서 살고 있던 반지하 집을 매도하면서 나에게 해주신 돈이었다. 당시에 이 돈으로는 서울 다가구주택 전세도 얻기 힘들었다. 하물며 결혼 비용은 신용대출 1,000만 원으로 충당할 수밖에 없었다. 내 제2의 인생은 이렇게 전세금 4,000만 원과 결혼자금 대출금 1,000만 원으로 시작되었다. 이때가 2006년이었다.

부린이가 부동산에 관심을 갖게 된 계기

남들보다 조금 늦은 나이에 4,000만 원으로 결혼생활을 시작했지만 절대로 나의 인생을 원망하거나 불행하다고 느낀 적이 없다. 최악의 상황은 나에게 새로운 깨달음을 준다고 생각하면서 긍정의 마인드로 살아왔다. 처음 부동산에 관심을 갖기 시작한 건 바로 하나의 사건 때문이었다.

처음 신혼을 시작한 다가구 주택의 집 주인이 계약하는 날 해주었던 말이 있다. "돈 걱정 말고 살고 싶은 대로 살아라"라는 그 말이 정말 세상 감사하게 들렸다. 그런 말을 들으면서 그때 나는 가족이 행복하게 걱정 없이 살 집이 있다는 것에 만족하며 더 이상의 욕심도 없고 딱 이렇게만 살고 싶다는 생각뿐이었다. 그때는 그 말이 가장 달콤한 말처럼 들렸지만 지금 생각해보면 나를 안주하게 만드는 독이었다. 지금은 안주하는 삶만큼 위험한 건 없다는 것을 잘 알고 있다.

이렇게 평탄한 삶을 살아오던 중에 윗집에 새로운 세입자가 들어오고 세입자와 트러블이 생기면서 부동산에 눈을 뜨게 된다. 윗집 세입자 역시 결혼한 신혼부부였는데 일주일 중 5일은 손님들과 술잔치를 벌이곤 했다. 몇 번을 사정해보고 또 화도 내보았지만 상황은 변하지 않았다. 그동안 행복했던 나의 집이 더 이상 행복할 수 없는 공간이 되었고, 더군다나 와이프는 임신 초기 단계여서 더욱 예민할 수밖에 없었다. 이리저리 방법을 알아봤지만 층간소음을 해결할 수 있는 방법은 없다는 것을 알게 되었고 결국 이사를 결심한다.

처음에는 같은 다가구 주택의 전세를 알아보았지만 다가구 주택의 층간소음과 주차문제 때문에 아파트를 알아보게 되었고, 아파트 전세와 매매가의 차이가 크지 않다는 것도 그때 깨닫게 된다. '기전세금 + 3년간 모은 돈 + 장모님께 빌린 돈 + 은행대출'로 생애 첫 나의 집을 마련하게 된다. 서울 중랑구 27평 소규모 아파트로 가격은 2억 3,000만 원이었다. 부동산에 '부'자도 몰랐던 부린이가 처음으로 집을 장만하게 된 계기가 바로 윗집과의 트러블이었다. 최악의 상황이 오히려 좋은 계기가 된다는 것을 그때 깨달았던 것 같다. 집을 사보니 자연스럽게 부동산에 관심이 생겼고 그때부터 꾸준히 부동산 공부를 하면서 나의 삶의 일부분이 되었다.

부동산은 관심과 실행의
끝없는 연속

자신감이 붙은 나는 아파트 분양에 대해 공부하게 되었고, 그러면서 성동구 소재의 아파트 미분양 물건을 접하게 되었다. 그때가 바로 2010년 즈음이다. 2006년에 4,000만 원으로 다가구주택 전세를 살기 시작해서 2010년에 성동구 소재의 분양가 약 7억 원의 아파트를 손에 넣게 된 것이다. 당시는 2008년 리먼 브라더스 파산과 함께 전 세계가 금융위기를 겪으면서 부동산 시장은 침체된다.

TV를 틀면 부동산 전문가들은 부동산 투자에 비관적인 이야기를 늘어놓았다. 하지만 난 생각이 달랐다. 우리나라 사람들이 새것을 좋아하고, 자가 보급률도 50% 정도밖에 되지 않았으며, 또한 전세제도로 인해 언제든 아파트 매수자로 전환될 사람들이 많다는 것도 알고 있었다. 게다가 주변 시세보다 저렴한 '분양가 상한제'가 적용되었다는 점도 본 아파트를 매수하게 된 주된 이유였다. 이런 나의 예측이 맞아 떨어졌는지 지금 현재 보유한 아파트의 시세는 20억 원(2021년도 기준)에 육박한다.

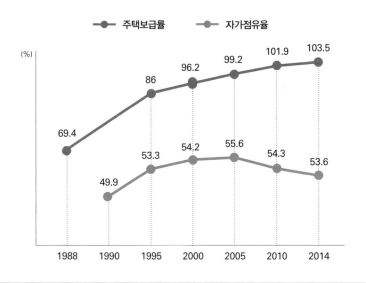

주택보급률과 자가점유율의 차이 비교

주택보급률 ━●━   자가점유율 ━●━

(%)

69.4 86 96.2 99.2 101.9 103.5
49.9 53.3 54.2 55.6 54.3 53.6

1988 1990 1995 2000 2005 2010 2014

내 돈 없이 투자할 수 있는
수익형 부동산에 눈을 돌리다

우리가 알아야 할 재미있는 사실은 부동산에는 주거형만 있는 게 아니라는 것이다. 사실상 주거형 아파트에서도 대출이라는 레버리지를 이용하지만, 레버리지 효과를 극대화할 수 있는 것은 바로 수익형 부동산이다. 투자는 하고 싶고 내가 가진 자본금이 부족할 때 시작할 수 있는 것이 수익형 부동산이다. 그렇게 상가 투자를 시작하게 된다.

아파트를 소유하게 되면 그 담보물을 가지고 추가 대출이 가능하고, 그 대출금은 바로 수익형 부동산을 할 수 있는 최소한의 에쿼티(자기 자본)가 된다. 수익형 부동산은 주택보다 대출이 많이 나온다는 장점을 활용했다. 특히 분양상가 같은 경우는 시행사와 이야기만 잘하면 네고의 폭이 크다는 것도 그때 알았다.

그렇게 내가 가진 자본금을 최소화하고 대출을 최대한 이용한 레버리지 투자를 지속해오면서 상가 투자의 노하우를 습득하게 되었다. 상가 투자에서도 200% 이상의 수익률을 기록했고 점차 자기 자본의 비율을 늘리기 시작했다. 이렇게 수익형 부동산의 노하우를 쌓기 시작하면서 자연스럽게 건물 투자로 이어졌다.

'집은 깔고 사는 게 아니다'라는 말이 있다. 내가 살고 있는 시가 20억 원가량의 자가를 11억 원에 전세를 주었고 난 월세를 선택한다. 그리고 그동안 모아왔던 자산을 활용하여 큰 어려움 없이 건물을 사게 된 것이다. 스스로 구매한 집에 들어가 사는 대신 월세로 살면서 집을 활용한 돈을 건물 투자의 에쿼티로 이용하게 된다.

그렇게 현재 내가 가진 자산은 아파트와 상가, 건물이며 약 60억 원 자산가 대열에 들어설 수 있었다. 2006년에 결혼해서 2021년에 건물을 사기까지 딱 15년이 소요되었다. 현재 나의 자산 대비 수익률은 15,000%이다.

건물 투자가
매력적인 이유

소액 투자도 가능하다

건물 투자 하면 거창하게 생각하는 사람이 많겠지만 생각보다 어렵지 않다. 그 원리를 알면 생각보다 쉽게 모두가 접근할 수 있다. 그리고 건물은 비싸다는 선입견을 버리면 건물 투자에 대한 시각도 넓어질 수 있다. 생각하는 것처럼 아주 고가의 건물도 물론 있지만 생각보다 저렴한 건물도 많다. 내가 가진 자본이 3억 원 이내여도 충분히 할 수 있는 게 건물 투자다. 예를 들어, 3억 원을 자기 자본금이라고 가정하고, 신규 부동산 법인을 만들면 80%의 대출을 받을 수 있고, 그렇다면 부대비용(취등록세, 중개수수료)을 포함하더라도 약 10억 원의 건물을 살 수 있다는 계산이 나온다.

서울 시내에도 지역마다 땅값이 다르기는 하지만 잘 찾아보면 평단가 2,000만 원에 40~50평 대지의 건물을 구매할 수 있다는 이야기다. 물론 좋은 건물을 찾기가 쉽지는 않지만 그만큼 노하우를 쌓아가다 보면 적은 금액으로 건물 투자를 시작할 수 있다. 건물 투자는 돈 많은 부자들만 한다는 선입견부터 버리는 게 성공적인 투자의 시작이다.

디벨롭(DEVELOP)이 가능하다

우리가 흔하게 접하는 아파트, 상가, 오피스텔 투자가 수동적인 투자라면 건물 투자는 능동적인 투자다. 충분히 나의 능력으로 가치를 상승시킬 수 있다. 땅 위에 올라가 있는 건물의 가치를 '리모델링', '신축', '임대차개선'을 통해 충분히 상승시킬 수 있다.

쉬운 예로 1층짜리 건물을 5층짜리 건물로 만든다면 단순하게 1층에서만 받던 월세를 4~5층에서까지 받을 수 있다. 리모델링이나 신축을 하게 되면 당장은 돈이 추가적으로 들어가서 손해 본다는 생각이 들겠지만 이 역시 은행 대출을 이용하여 진행하고 그 이자는 임대차 비용으로 충분히 커버가 가능하다.

주택투자에 비하여 세금 부담이 적다

건물 투자는 종부세로부터 좀 더 자유롭다. 소유한 건물이 종부세 합산 대상이 되려면 공시지가 80억 원이 넘어야 한다. 우리가 투자를 위해 흔하게 접근할 수 있는 건물의 경우 대부분 공시지가 80억 원은 되기 힘들다(공시지가 80억 원은 시가 약 200억 원 정도 된다). 따라서 이미 1주택자로 부동산 투자를 고민하고 있다면 건물 투자는 굉장히 매력적일 수 있다. 현금 흐름(캐쉬 플로우)도 없는 다주택자가 되어서 세금만 내기보다는 1주택과 수익형 부동산의 조합으로 포트폴리오를 짜보는 것이 현명한 선택이다.

어떤 부동산 투자보다
수익률이 높다

우리는 아파트값 오른 것만 생각하지 건물의 수익률은 따져본 적이 없다. 아파트 신고가는 쉽게 접할 수 있지만 건물의 수익률은 사실상 잘 알기 힘들다. 하지만 최근에 많이 나와 있는 어플을 활용하면 투자 수익률을 구할 수 있으니 아파트 투자와 건물 투자의 수익률 차이를 비교해보자.

아파트 투자 시 2014년 반포자이 아파트의 매매 시세는 84㎡ 기준 약 13억 원 내외였다. 50% 담보 대출을 받는다고 가정하면 내 돈

아파트와 건물의 투자 수익률 비교		
구분	반포자*아파트	논현동 ***-**번지
평수(PY)	34평	대지 62평
매매가	13억 원	29억 원
초기자본금	6.5억 원	6.5억 원
대출	6.5억 원	22.5억 원
2022년 시세	약 40억 원	약 110억 원
자기 자본수익율	615%	1,692%
대출실행	개인담보대출	법인담보대출

※ 이해를 쉽게 하기 위해서 부대비용 및 세금, 임대차 비용 등은 생략했음

약 6.5억 원으로 반포자이 아파트를 구매할 수 있다. 이 아파트는 현재 약 40억 원(2022년 10월 현재)의 시세를 보이고 있고 내 돈 6.5억 원으로 약 8년 만에 615%의 수익률을 올릴 수 있는 것이다. 이 수치만 봐도 정말 잘한 투자처럼 보인다. 그렇다면 동일 시기에 건물 투자를 했다면 어떤 결과물이 나왔을까?

논현동 건물 투자를 예로 들어보겠다(이는 특정 높은 수익률을 기록한 건물도 아니고 동일 강남권 수준의 건물임을 밝힌다). 2014년 논현동 ***-** 번지 매매 실거래가 29억 원이다. 대지 62평의 건물이다. 레버리지를 풀로 이용한다고 가정하면 자기 자본 6.5억 원으로 29억 원의 건물을 매입할 수 있다(약 78%의 대출 활용). 현재 시세로는 110억 원이다(2022년 10월 현재). 즉, 내 돈 6.5억 원을 투자해서 약 1,692%의 수익률을

기록할 수 있는 것이다.

　단적인 예를 들어본 것이지만 이처럼 같은 자본을 투자해서 더 높은 수익률을 기록할 수 있는 게 바로 건물 투자가 주는 매력이다.

레버리지를 극대화할 수 있다

　건물 투자의 핵심은 바로 이 레버리지의 활용이다. 주택 규제가 심해지는 단계에서 아직도 건물 투자는 주택에 비해 투자가 용이하다는 장점이 있다. 그중 가장 매력적인 게 레버리지다. '투자를 잘하는 사람은 자기 돈 없이 투자에 성공한다'라는 말을 많이 들어봤을 것이다. 그게 바로 레버리지를 이용한다는 말이다.

　건물 투자에서 개인 투자의 경우 LTV(주택담보대출비율), RTI(이자상환비율)의 적용기준을 받지만 법인 투자의 경우 좀 더 자유스럽다는 장점이 있다. 금융기관을 잘 알아보면 담보가액의 80%까지 대출로 활용할 수 있다. 20억 원 건물을 자기 자본 4억 원으로 살 수 있다는 말이다(이해를 쉽게 하기 위해 부대비용은 제외). 자기 돈이 10억 원이 있다면 50억 원 건물도 살 수 있다는 말이다. 현재 84㎡ 서울 아파트 15억 원 이상은 대출이 1도 되지 않는다(2022년 10월 기준). 그리고 다주택자가 되면 종부세 합산까지 되어 세금에 대한 압박도 크다. 하지만 자기 자본 15억 원을 가지고 있다면 이론적으로 75억 원 건물도 살 수 있다는 결과가 나온다.

이렇게 주택시장에 적용되는 규제와 세금정책을 살펴보면 수중에 있는 자본으로 어디에 투자해야 할지는 더 이상 설명하지 않아도 자명해 보인다.

가장 리스크가 적은
부동산 투자다

부동산 불패라는 말이 있지만 부동산에서 주택시장은 투자심리가 가장 민감하게 작용하는 시장이다. 따라서 오를 때 급격하게 상승곡선을 보이고 떨어질 때도 급격하게 하락곡선을 보이는 것이 특징이다. 2022년도 하반기 접어들면서 아파트 시장이 이렇게 급격하게 위축되리라는 걸 상상이라도 했는가?

하지만 건물 투자는 다르다. 건물 투자의 근간은 땅이고 땅의 가격 안정성은 꾸준하다. 건물 가격이 떨어진다면 대부분 임대차와 건물의 노후화와 연관이 있다. 따라서 땅을 중심으로 건물 투자를 하게 되면 내가 매수한 금액보다 떨어지는 경우는 거의 없다고 봐도 된다.

과거 10년 평균 공시지가 데이터만 보더라도 보수적으로 연간 5% 이상은 상승했다는 것을 알 수 있다. 다시 말하지만 건물 투자는 땅을 중심으로 하는 투자다. 어떤 부동산 투자보다 안정성이 높기 때문에 보수적인 시각으로 투자하기에도 적합하다.

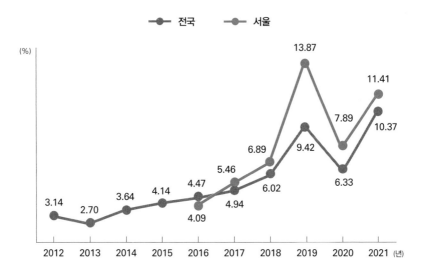

연도별 표준지 공시지가 변동률

● 전국　　● 서울

(%)

13.87

11.41

7.89

10.37

6.89

5.46

9.42

4.47

4.94

6.02

6.33

3.14

3.64

4.14

2.70

4.09

2012　2013　2014　2015　2016　2017　2018　2019　2020　2021 (년)

자료: 국토교통부

건물 투자 실전비법
노하우 공개

건물 투자에 대한 기본 개념

건물 투자는 크게 3가지 요소로 이루어진 시장이다. 이 3가지를 이해하는 게 아주 중요하다.

● **토지:** 건물 투자에서 가장 중요한 요소다. 즉, 건물 투자는 땅을 근간으로 하는 투자라고 봐도 무방하다. 그 토지가 가지고 있는 속성에 따라서 건물 투자의 성패가 좌우된다. 우리가 부동산에서 가장 중요하게 이야기하는 입지에 대한 부분도 여기에 해당된다. 그리고 각토지가 가지고 있는 용도지역에 따라서 그 가치가 하늘과 땅 차이다. 건물 투자를 공부하려면 땅 공부부터 해야 한다는 것을 잊지 말아야

건물 투자의 3가지 요소

토지

건축물

임대차

한다.

'토지이음' 사이트를 이용해서 내가 검토하고자 하는 건물의 주소를 입력하면 그 토지가 가지고 있는 특성을 손쉽게 찾아볼 수 있다. 해당 용어가 어렵다면 용어를 일일이 포털 사이트로 검색해서 공부하는 습관을 가지는 게 좋다.

• **건물:** 건물은 토지 위에 올라간 건축물을 말한다. 건축물은 그 쓰임새에 따라 여러 가지 종류가 있다. 그중에서도 가장 많이 보는 건물은 용도에 따라 주택용과 상업용으로 나뉜다. 건물 투자를 하려면 본 건물이 가지고 있는 목적과 용도, 건폐율, 용적률, 층별 정보 등을

'토지이음'과 '정부24' 사이트

두 사이트 외에도 건물 투자에 대한 사이트와 앱이 다양해지고 있어서
토지와 건물에 대한 정보를 쉽고 다양하게 얻을 수 있다.

면밀하게 체크할 필요가 있다. 건물 투자에서 내가 사야 할 건물이
상가주택건물인지 도시형생활주택건물인지 근린생활건물인지 등을
구별하는 것도 건물의 용도를 보는 것이다.

　건물의 용도는 '정부24' 사이트에서 검토하고자 하는 건물의 주소
를 입력하고 건축물 대장을 열람하면 건물에 대한 상세한 정보를 알

수 있다.

• **임대차:** 임대차는 건물 투자에서 우리에게 수익을 가져다주는 아주 중요한 요소다. 최근의 건물 투자 시장은 점점 임대차의 중요성을 강조하고 있다. 우리가 쉽게 볼 수 있는 스타벅스 이용 가능 거리 '스세권'도 바로 임대차가 주는 힘을 말하는 것이다.

최근의 건물시장은 양질의 임대차를 맞춘 건물이 인기가 있으며, 매도 매수도 잘 이루어지고 있고 수익률도 높다. 특히 우리가 잘 알고 있는 핫플레이스는 스타 셰프와 유명인 스타 맛집 임대차로 구성된 지역이 모여서 생긴 곳이라고 생각하면 된다.

또한 건물의 특성과 지역의 특성을 잘 살린 임대차 MD구성으로 건물의 가치와 수익률을 극대화시킨 경우가 많다. 예로 '메디컬 빌

메디컬빌딩

학원빌딩

통임대빌딩

딩', '학원 빌딩', '통임대 빌딩' 등 임대차의 구성을 일괄적이고 전문적으로 구성해놓은 빌딩은 높은 수익률과 많은 집객으로 건물 시장에서 가장 선호도가 높은 곳이다.

그리고 오피스 상권이나 주거 상권, 트렌드 상권에서 통임대(한 임차 업종이 건물 모두를 쓰는 임대차) 역시 관리의 편리성과 높은 임차비로 주목을 받고 있다. 앞에서 언급한 특화된 임대차에 맞춰진 건물을 매수하거나 나의 목적에 맞게 임대차 구성을 맞춘다면 수익률이 높아지고 관리하기 용이해진다. 이 경우 건물의 가치가 높아지는 것은 물론이고 많은 매수자의 선호도로 인해 높은 매각 차익도 이뤄낼 수 있다.

건물을 보는 관점

• 자기 주도형의 투자 관점을 가져라

부동산 투자를 바라볼 때 대다수가 수동적인 투자라고 생각한다. 부동산에서 큰 수익을 얻는 재건축, 재개발 역시 내 의지와 무관하게 진행되는 수동적 투자의 한 종류다. 하지만 건물 투자는 자기주도형 투자라고 생각해야 한다. 건물을 볼 때 내가 의지대로 할 수 있는 영역이 있는지를 생각해야 한다. 그중에서도 임대차, 신축, 리모델링 등 가장 중요한 3가지 사항을 계획에 맞게 할 수 있는지 판단하는 게 중요하다.

시간이 흐르기를 그저 기다리는 투자에서 벗어나 내가 능동적으로 부동산 가치를 올릴 수 있느냐의 관점에서 접근하는 것이 포인트다. 반대로 '지구단위계획', '재개발 지역', '가로주택정비 구역', '막다른길', '자루형 토지', 합벽(맞벽) 등에 해당하는 건물들은 내가 스스로 할 수 있는 개발행위에 제한적 영향을 미치는 요소이기 때문에 건물 투자 시 꼭 체크해야 할 사항이다.

● 사업하는 마인드를 가져라

건물 투자는 건물로 사업을 하는 것이라는 마인드를 가져야 한다. 사업은 내가 능력을 발휘하여 충분한 가치 상승과 수익의 극대화를 이룰 수 있다. 건물도 마찬가지다. 상가나 오피스텔, 생활형숙박시설, 아파텔 등의 수익형 부동산은 한 건물에 소유주가 여러 명인 공동소유건물이라 자기 주도형으로 수익을 극대화시키기에는 한계가 있으나, 건물 투자는 개별적 소유이기 때문에 나의 의지대로 가치 상승과 수익의 극대화를 얼마든지 일으킬 수 있다.

잘된 건물 투자와 잘못된 건물 투자를 분석하여 자신의 건물에 접목시켜 수익을 극대화할 수 있는 방법을 끊임없이 연구해야 한다. 또한 사업도 유지하고 관리하는 부분이 중요한 것처럼 건물 역시 어떻게 유지하고 관리하냐에 따라서 건물의 가치 차이가 커진다. 즉, 건물 투자를 할 때는 내가 새롭게 하는 사업이라고 생각하고 경쟁관계에 있는 건물들을 연구하고 또 내 건물만의 경쟁력을 만들어야 한다.

• 임차인의 마인드를 가져라

건물을 소유한 사람인 임대인에게 건물 투자를 할 때 없어서는 안 되는 게 바로 임차인이다. 건물 투자의 성패는 임차인에게 달려있다. 대다수가 임대인과 임차인을 분리해서 생각할 때 성공한 임대인은 임차인 입장에서 생각하는 경우가 많다.

임차인의 입장에서 생각하면 좋은 임차 구성이 이루어지고, 건물의 가치도 상승하며, 주변 건물에 비해 공실의 위험도 줄어들게 된다. 건물 시장에서 성공하려면 임차인과의 상생을 늘 염두에 두어야 한다.

임차인 입장에서 운영하는 건물에는 우량 임차인들이 서로 임차하려고 줄을 선다. 건물을 볼 때도 마찬가지다. 임차인이 들어와서 영업하기 좋은 건물이 무엇인가를 고민하면 좋은 건물과 안 좋은 건물을 구분하는 것이 쉬워진다.

• 좋은 건물 고르기

건물 투자에 대한 제대로 된 관점을 가진다고 해도 실제로 좋은 건물을 고르는 것은 쉽지가 않다. 우리가 쉽게 접근할 수 있는 아파트와 다르게 건물은 개별성 때문에 내가 매수하고자 하는 건물이 좋은 건물인지 판단하기가 쉽지 않은 게 현실이다. 좀 더 정확하게 말하자면 모든 건물은 각각 나름대로의 장단점을 가지고 있다. 그 장단점이 나의 투자 관점에 얼마나 부합하는지를 선택의 중요한 포인트로 삼는 것이 필요하다.

다음에 설명하는 '매가 & 평단가의 적정성 파악하기'와 '건물 매수의 체크리스트'는 그동안 좋은 건물을 고르기 위해 실천해온 나만의 노하우다. 이것이 정답이 아닐 수 있고 건물마다 개별적으로 다른 해석을 할 수도 있다. 하지만 가장 객관화할 수 있는 부분을 공유하고자 한다. 건물 시장에 진입한 대다수의 사람들이 자신이 사려는 건물이 좋은지 나쁜지를 판단하기 어려워하고 그 기준도 잡기 어려워하기 때문이다.

● 매가 & 평단가의 적정성 파악하기

내가 사려는 건물의 가격이 비싼 것인지 싼 것인지를 판단하기는

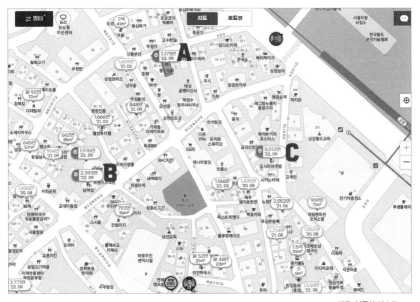

자료: 부동산 디스코

평당 토지가격 비교(상암동 DMC 예시)

적정 토지 평단가 분석표			
구분	A	B	C
매매가(억 원)	20	45	25
대지평수(평)	28	57	25
평단가(천만 원)	7,168	7,895	9,921
상권(순위)	2	1	3
역근접성(순위)	2	3	1
오피스근접성(순위)	2	1	3
비교우위(낮을수록 좋음)	6	5	7

※ 상암 DMC 해당 실매물을 참고하여 작성함
※ 표에서 참고 항목은 임장과 인터넷 정보를 통해 항목을 늘릴수록 더욱 정확한 비교 지표가 생긴다.
※ 비교우위 총점에서 낮은 점수의 건물이 좋은 입지의 토지라고 가정하고 토지평단가를 비교해본다.

꽤 어려운 문제다. 정확하게 말하면 특별히 비싸고 싼 건물은 없다고 말하는 게 맞을 것이다. 다만 자신이 생각하는 적정가격이 맞는지를 판단하는 것을 가장 우선해야 한다.

내가 사려는 건물을 A라고 가정하고 근거리 매물의 평당 가격과 비교하면서 매물 가격의 적정성을 알아보는 방법을 소개한다. 앞의 지도의 상권을 임장과 여러 인터넷 정보를 활용하여 분석해본 결과는 다음과 같다.

상권 발달된 것으로 보면 B 〉A 〉C
대중교통의 접근성 관점으로 보면 C 〉A 〉B

직장 근로자들(거주지)의 접근성으로 보면 B 〉 A 〉 C

위의 〈적정 토지 평단가 분석표〉에 따르면 입지적으로 가장 좋은 곳이 B 〉 A 〉 C 라는 결론을 얻게 된다. A토지의 평단가가 B보다 저렴하고 입지적으로 우수하다고 판단한 C보다도 저렴하기 때문에 A의 토지평단가는 입지 수준 면에서 적합해 보인다는 결과를 얻을 수 있다.

TIP

매수하고자 하는 건물 주변 매물의 토지 평단가는 실매물 기준 3~5개 정도를 함께 비교하는 것이 좋다. 또한 이전 실거래가 분석을 통해 해당 토지의 평단가가 얼마나 상승하고 있는지도 유추해보는 것이 좋다. 실거래가와 매물가의 상승이 꾸준한 토지가 좋은 입지의 토지라고 보면 된다. 매수자가 많을수록 토지비가 상승하는 그래프를 보이고, 상권형성이 잘 된다는 것은 그만큼 임대차가 잘 된다는 방증이기도 하다. 부동산 앱 '밸류맵', '디스코', '랜드북', '부동산플래닛'을 통해 주변 매물 분석을 손쉽게 해볼 수 있다.

● 건물 매수의 체크리스트

1차적으로 좋은 건물 고르기에서 매가와 평단가의 적정성을 판단했다면, 본 건물이 가지고 있는 특성을 디테일하게 분석할 필요가 있다. 건물 투자의 3요소인 토지의 평단가를 먼저 알아봤다면 그 다음으로는 토지가 가지고 있는 특성과 건물이 가지고 있는 특성, 수익률과 직결되는 임대차까지 종합적으로 분석할 필요가 있다.

건물은 비교대상을 선정하기 어렵고 판단을 하기에도 너무 개별

강북구 수유동 나의 건물에 실제로 적용해본 건물 매수 분석 평가표

구분		내 점수	기준 점수표(점수표는 7점을 기준으로 가감을 한다)
토지	토지의 모양에 따른 기준		정북 방향 가로사각형: 10 / 일반 가로사각형: 9 / 정사각형: 8 / 가로긴사다리형: 7 / 코너 오각형: 7 / 삼각형: 3 / 오각형 이상의 다각형: 2 이하
	매가/공시지가		50% 이상: 10 / 40~50%: 8 / 30~40%: 7 / 30% 이하: 5
	매가/감평가		100%: 10 / ~90%: 8 / ~80%: 6
	용도지구		상업지구: 10 / 준주거(준공업): 9/ 3종일반: 8 / 2종일반: 7
건물	건폐율		적정건폐율 기준: 7 / 10% 초과: +0.5 / 10% 미만: -0.5
	용적률		적정용적률 기준: 7 / 10% 초과: +0.5 / 10% 미만: -0.5
상권	오피스/주거/트렌드		3개 모두 만족 시: 10 / 오피스강점: 9 / 트렌드강점: 8 / 주거강점: 7 / 그 밖의 평가
개발호재			오피스개발호재: 10 / 주거개발호재: 9 / 교통개발호재(흡수력 있을 시: 8 / 유통개발호재: 7 / 변동 없는 안정성 시: 7
임대차	수익률		목표 수익률(주변 거래 수익률 대비) 100% 이상 시: 10 / 수익률 개선 여지에 따라 10~1 차등 적용
	공실률		본 건물 공실률 & 주변 공실률 조사 후 차등 적용
기본합계			
보너스	엘리베이터 여부		1~5
	주차가능 여부		1~5
	초역세권 장점		1~5
	코너		1~5
	대로변		1~5
	도로의 상황		1~5
	명도 가능		1~5
보너스 합계			
총점			

※ 보너스 점수는 각 건물이 가지고 있는 개별적인 장점과 단점을 객관적으로 평가하여 항목을 추가하여 가감할 수 있다.
※ 해당 건물의 특성상 보너스 점수의 가중치를 높게 설정할 수 있다.

성이 강하기 때문에 나름 스스로 만든 기준이 필요했다. 다음 자료는 내 기준으로 만든 분석표다. 정답이라기보다는 가장 핵심적인 고려사항을 넣어놓은 것이라고 생각하면 된다. 뒤에서 다룰 '건물 매수 분석평가표'를 만들 때는 내가 검토하고자 하는 건물에 대한 이러한 이해가 먼저 앞서야 한다.

가장 중요한 포인트는 해당 건물에 대한 기본적인 지식은 물론이고, 표에서 보여주는 보너스 부분이 얼마나 작용하는지도 중요하다. 본 표의 가장 중요한 핵심 포인트는 기준이 7에서 시작한다는 점이다. 내가 검토하고자 하는 건물을 면밀하게 검토하고 그 건물이 가지고 있는 특성을 7을 기준으로 가감을 한다는 게 이 표의 점수 산정방식이다. 따라서 10가지 중요 항목의 평균이 70점이 되는 것을 기준점으로 한다. 하지만 내가 검토하고자 하는 건물에서 보너스 항목이 너무 큰 메리트여서 구매하는 경우도 있다. 다시 말하지만 이 표는 내가 건물을 구매함에 있어서 기준이 될 뿐이지 완벽한 지침서는 아니다. 참고하여 각자가 자신만의 기준을 만들면 된다.

나는 이 표를 토대로 건물 매수 평가를 내렸으며, 총합이 70점 이상이면 고민해보고 70점 이하면 과감하게 매수를 포기했다. 실제로 건물을 매수했을 때는 기준을 높여 80점 이상을 목표로 삼았다. 다음 부분에서 나의 건물 매수가 어떻게 이루어졌으며, 이 점수표를 어떻게 접목했는지도 설명하겠다.

• 나쁜 건물 거르기

이렇게 좋은 건물 고르는 나만의 기준 평가표를 통해 매수 건물을 평가했다. 하지만 분석 조건을 충족하더라도 건물 투자 초보자라면 이런 건물은 가급적 피하라고 말하고 싶다. 사실상 '좋은 건물 고르기'보다 '나쁜 건물 거르기'가 더욱 중요하다. 건물 매수 분석 평가표의 항목들은 초보자가 감당하기에는 까다로운 부분들이 있다. 그래서 나의 경우 건물을 볼 때 다음사항들을 먼저 확인하고 이에 해당되면 과감히 건물 검토에서 배제한다.

내 건물에 이런 사항이 있는지 꼭 체크해야 할 사항	
• 공공재개발 가능성	주변 노후도 체크 및 추진위, 구청, 시청 확인
• 가로주택정비사업 추진 지역	주변 노후도 체크 및 추진위, 구청, 시청 확인
• 지상권 설정이 있는 건물	등기부 등본상 토지와 건물 소유주 확인
• 지구단위계획 여부의 불리함	해당 지자체 확인
• 건물 내 지하철 통과	등기부 등본 구분 지상권 확인
• 사도&자루형 토지	막다른 길에 있는 건물인지 토지대장 및 현장 검토
• 합벽&맞벽 건물	현장 검토
• 건물주가 임차인이 경우 리스백으로 인한 수익률 부풀림	소유주와 임차인의 동일인 체크
• 건물 신축 시 건축선 후퇴	토지이용계획원 확인
• 젠트리피케이션 가능성 여부	현장 임장 & 인터넷 정보로 과도한 임대비 상승폭과 주변상권의 확장성 체크
• 건물의 층별 용도 체크	건축물 대장상 주택 부분 시 매도자의 용도변경 협조 여부
• 상권의 쇠퇴	현장 방문을 통해 공실 여부와 임대차 업종 체크

● 건물의 층별 용도 체크의 중요성

건축물의 용도가 근생(근린생활시설)인지 주택인지 잘 체크해야 한다. 기존에는 특약으로 매도자는 계약서 작성일 기준, 매수자는 잔금일 기준으로 건축물을 매도, 매수한 것으로 판단하여 매도자는 '주택 장기보유 특별공제'를 받을 수 있었고, 매수자는 용도변경 후 근린생활건물로 취득세를 내는 게 가능했다.

하지만 2022년 10월 21일 이후 이런 특약조건이 사라져 버렸다. 따라서 주택이 있는 건물 취득 시 취득세 중과세를 부담해야 한다(매수자가 1주택 이상인 경우). 아직도 일부 중개인들은 바뀐 법을 모르고 있어서 계약 후 주택을 용도변경하면 된다고 말하고 있다. 매수자가 건축물 대장을 꼼꼼하게 체크하도록 하여 세금을 부당하게 납부하지 않도록 해야 한다.

나의
건물매수 후기

건물 투자 정보는
스스로 찾아야 한다

건물 투자 공부를 매수할 때까지 약 3년 넘게 한 거 같다. 그 전에 수익형 부동산인 상가 공부와 실제 운영을 약 10년 정도 해왔지만 건물 투자 공부는 정말 어려웠다. 인터넷이나 유튜브, 서적을 통해 기본부터 공부했지만 실제로 건물을 매수함에 있어서 판단에는 큰 도움이 되지 못했다.

또한 건물 투자에서 정말 중요하게 봐야 할 사항들은 정작 그 정보를 쉽게 알아볼 수도 없었다. 건물 투자 관련해서 정보가 부족한 것도 사실이지만 관련 커뮤니티가 별로 없다는 것이 가장 큰 특징이라고 생각한다. 실제로 건물 투자를 하는 사람들은 집단지성의 힘보다는 개별성을 더 중시하고 그 정보를 나누는 것도 좋아하지 않는다.

평일에는 건물 투자 공부를 하면서 온라인 매물 분석을 하고, 주말에는 몰아서 약 4~5개의 건물을 임장하고 분석했다. 그렇게 본 건물이 3년 동안 2,000개도 넘는 거 같다. 지금 생각해보면 그때 그렇게 공부했던 내용들이 모두 지금의 지식이 되어 다음 투자를 준비하는 계기가 되었지만 그 시간을 되돌아보면 참 힘든 시간이었다.

자본금은
거주하는 아파트에서 만들다

건물 투자의 자본금을 근로소득으로 만들기는 쉽지 않았다. 또한 아파트보다 고가인 건물을 근로소득만으로 사는 것은 불가능하다. 따라서 그당시 거주하고 있던 성동구 소재의 아파트(약 시가 20억 원)를 전세로 주고 난 월세를 선택하게 되었다. 11억 원 전세를 맞춘 후 근저당 비용 1억 원을 상환하고, 내가 새롭게 거주할 곳의 월세 보증금 1억 원, 그리고 이런저런 이사비용 등으로 1억 원을 제외한 약 8억 원의 투자금을 만들 수 있었다.

이제는 실전이다

건물 투자의 시작은 바로 에쿼티(자기 자본금)을 만드는 것이다. 돈을 만들지 못하면 몸도 움직여지지 않는다. 실제로 주변에 공부만 많이 하고 정작 건물 투자로 수익을 실현하지 못한 사람이 너무 많다. 그렇기 때문에 자본금부터 만드는 게 중요하다. 앞에서 설명했듯이 자본금은 각자의 사정에 따라 다르겠지만 주거비용으로 만드는 것이 가장 가능성이 있고 확실하다. 나의 경우 8억 원의 자본금을 가지고 내가 살 수 있는 20억 원 내외의 건물을 알아보았다.

법인으로 구매하면 더 많은 레버리지 활용이 가능하겠지만, 나의 투자 성향과 목표에 따라 개인사업자 투자를 선택했다(장기보유 및 자금 관리 용이성). 투자자는 성향과 목적에 따라 건물 투자를 할 때 '개인사업자'로 투자할지 '법인사업자'로 투자할지를 결정해야 한다. 각기 장단점이 다르기 때문에 잘 알아보고 전체 투자금액을 결정해야 한다. 매수할 물건을 가장 효율적으로 알아보는 방법은 다음과 같다.

- **첫 번째 방법** 빌딩중개법인에게 매물 의뢰하기(다다익선, 많으면 많을수록 좋다)
- **두 번째 방법** 중개법인에게 소개받은 매물이 인터넷 매물과 중복되지 않는지 조사하기(실제로 인터넷 매물과 중복되는 경우도 많고 가격도 다른 경우가 많다)
- **세 번째 방법** 온라인과 중개법인을 통해 추려진 매물을 현장 검

토한 후 해당 지역의 로컬 부동산에서 추가로 매물 알아보기

우후죽순으로 매물을 알아보는 방법보다는 내가 원하고자 하는 금액과 지역, 특성 등을 중개법인에게 전달하고 나에게 맞는 물건을 소개받는 것이 가장 효율적이다. 여기서 가장 중요한 것은 소개받은 매물을 분석하면서 두 번째 방법과 세 번째 방법이 동시에 이루어져야 한다는 것이다. 난 서울로 한정해서 매물을 보았으며, 임차비로 건물 대출이자와 우리 가족의 거주비용이 되는 월세를 충당해야 했기에 수익률 3% 이상이라는 기준을 넣었다.

2019~2021년까지는 저금리가 계속되었기 때문에 해당 금리로 인해 건물 시장의 매수세는 폭등했고 반대로 실질 수익률은 터무니없이 낮았다(당시 서울 평균 수익률 1~2% 내외). 또한 코로나19 시대를 겪으면서 양적완화 등으로 현금 유동성이 늘어나면서 곧 금리가 상승할 거라고 예측했고, 따라서 리스크 측면에서 수익률을 매우 중요시할 수밖에 없었다.

금리 상승기 때 대출이자금액이 폭등하게 되고, 내수 경기는 불안정해지고, 이는 소비의 위축을 야기하고, 임대차에서 가장 중요한 자영업자들이 견디기 힘들게 되면서, 마지막으로 공실의 확대로 이어진다. 애초 예상 수익률이 낮다면 리스크는 더 커진다. 기존에 상가 투자를 해보면서 누구보다 잘 알고 있는 부분이었다. 그래서 난 서울에서 희박하지만 3% 이상의 수익률이 나오는 물건만을 찾고 찾았다.

한 가지 팁을 더 말하자면 중개인에게 소개받은 매물은 반드시 검

토 후 중개인에게 피드백을 주는 것이 중요하다. 중개인 역시 소개해
준 매물에 대한 궁금증이 있을 것이다. 피드백이 없다면 중개인 역시
매수자의 의지가 약하다고 판단하여 좋은 매물을 점차적으로 주지
않게 된다. 매수자 또한 매물을 분석하면서 피드백을 주는 과정 자체
가 건물 투자에 대한 큰 공부가 된다는 것을 깨닫게 된다.

예측하지 못한 사항으로 계약금을 날리다

내가 찾고자 하는 건물을 드디어 찾게 되었다. 완벽하지는 않았지
만 내가 선택하고자 하는 기준에 많이 부합했다. 대로변 건물이었고,
위치도 좋았다. 역과의 거리도 500m선인 역세권이었다. 주변상권도
좋아 보였다. 해당 로컬 부동산에서는 리모델링하면 병원 유치도 가
능하다고 했다.

가격도 서울 대로변에서 볼 수 없는 20억 원 안쪽의 가격이었고,
여러모로 맘에 드는 건물이었다. 하지만 예측하지 못한 변수는 계약
서를 쓰고 계약금을 내고 나서야 알게 되었다. 해당 건물이 '가로주
택정비사업'에 포함되었다는 사실이었다.

건물 투자에서 '공공재개발', '가로주택정비사업'에 속하게 되면
자기 주도형의 개발을 할 수 없을뿐더러 내가 원하는 건물 투자를 할
수가 없다. 특히 해당 지역에 일정 동의율을 거치게 되면 나의 의사

와 상관없이 내 건물을 포함시켜서 개발사업이 이루어진다. 특히 '가로주택정비사업'은 사업의 속도도 빠르게 진행되어 건물을 소유한 사람들에게는 치명타다.

오랫동안 고민하고 선택한 매물이었지만 전혀 예측할 수 없는 상황이었고, 해당 구청과 정비추진사업체들과도 접촉해봤지만 내가 원하지 않는 방향으로 갈 수 있다는 가능성을 알게 되었다. 결국 계약금을 포기하더라도 첫 계약을 취소할 수밖에 없었다.

실패를 발판 삼아 드디어 원하는 매수 건물을 찾다

계약금은 적은 돈이 아니었다. 건물 투자를 포기하고 싶었다. 믿었던 중개인도 모르는 부분이 많고 어느 누구 하나 책임져 주지 않는다는 사실을 깨달았다. '그렇다! 내가 하나하나 더 체크하는 수밖에 없다'라고 생각한 나는 그래서 그동안 지식을 모아 모아 '건물매수 분석 평가표'를 만들고, 무엇보다 더 중요한 '절대 사면 안 되는 사항'들을 리스트업하기 시작했다. 건물 투자에서 진짜로 중요한 것은 '어떤 건물을 사야 하는가'가 아니고 '어떤 건물을 사면 안 되는가'라고 보는 것이 맞을 것이다. 그렇게 포기하지 않고 알아보던 중 강북구 수유동에서 나의 조건에 맞는 건물을 찾을 수 있었다.

80점 이상이 되는 건물을 매수하겠다는 나만의 기준을 정했고, 점

강북구 수유동 건물 외관

강북구 수유동 건물	
해당 물건지	강북구 수유동
매가	19.8억 원
용도지구	3종일반주거지역
대지	53평
임대차	5,000만 원/월세 550만 원
수익률	3.42%
도로상황	전면 5차선 대로변 코너
구성	유명 프렌차이즈 통임대
건물상황	리모델링 완료
개발호재	해당 건물 뒤 구역으로 대형 재개발 예정(수유 12구역)
그 밖의 상황	유동인구 풍부, 버스 정류장 앞, 바로 옆 횡단보도, 가시성 좋은 삼면 코너, 건물 앞 가로수 없음, 건물 앞 전봇대 없음, 건물 앞 주차 용이

강북구 수유동 나의 건물에 실제로 적용해본 건물 매수 분석 평가표

구분		내 점수	기준 점수표(점수표는 7점을 기준으로 가감을 한다)
토지	토지의 모양에 따른 기준	6	정북 방향 가로사각형: 10 / 일반 가로사각형: 9 / 정사각형: 8 / 가로긴사다리형: 7 / 코너 오각형: 7 / 삼각형: 3 / 오각형 이상의 다각형: 2 이하
	매가/공시지가	7	50% 이상: 10 / 40~50%: 8 / 30~40%: 7 / 30% 이하: 5
	매가/감평가	10	100%: 10 / ~90%: 8 / ~80%: 6
	용도지구	8	상업지구: 10 / 준주거(준공업): 9/ 3종일반: 8 / 2종일반: 7
건물	건폐율	7	적정건폐율 기준: 7 / 10% 초과: +0.5 / 10% 미만: -0.5
	용적률	5	적정용적률 기준: 7 / 10% 초과: +0.5 / 10% 미만: -0.5
상권	오피스/주거/트렌드	7	3개 모두 만족 시: 10 / 오피스강점: 9 / 트렌드강점: 8 / 주거강점: 7 / 그 밖의 평가
개발호재		9	오피스개발호재: 10 / 주거개발호재: 9 / 교통개발호재(흡수력 있을 시: 8 / 유통개발호재: 7 / 변동 없는 안정성 시: 7
임대차	수익률	10	목표 수익률(주변 거래 수익률 대비) 100% 이상 시: 10 / 수익률 개선 여지에 따라 10~1 차등 적용
	공실률	10	본 건물 공실률 & 주변 공실률 조사 후 차등 적용
기본합계		79	
보너스	엘리베이터 여부		1~5
	주차가능 여부	2	1~5
	초역세권 장점		1~5
	코너	3	1~5
	대로변	3	1~5
	도로의 상황	3	1~5
	명도 가능		1~5
보너스 합계		11	
총점		90	

※ 보너스 점수는 각 건물이 가지고 있는 개별적인 장점과 단점을 객관적으로 평가하여 항목을 추가하여 가감할 수 있다.
※ 해당 건물의 특성상 보너스 점수의 가중치를 높게 설정할 수 있다.

수표상으로는 90점이라는 만족할 만한 점수로 매수를 결정했다. 물론 아쉬운 점도 있다. 해당 토지는 3종일반주거지역으로 용적률이 250%까지 가능하지만 그 건물의 용적률은 100% 수준으로 연면적이 150% 정도 손해인 건물이었다. 하지만 반대로 생각해보면 신축이나 리모델링을 통해 연면적을 확대할 수 있어 지금의 수익률보다 더 높은 수익률을 기대할 수 있다는 결론이 나왔다.

또한 리모델링을 한 지 2년밖에 되지 않아 건물 노후도에 대한 걱정을 덜 수 있었고 통임대로 건물 관리가 용이하다는 장점도 가지고 있었다. 가장 매력적이었던 건 대로변이면서도 3면의 가시성이 확보되어 대형프랜차이즈 커피숍의 직영운영도 가능하다는 점이었다.

이렇든 완벽하지는 않지만 오랜 고난 끝에 2021년에 나의 건물을 매수하게 되었고 지금도 운영 중이다. 그리고 2025년도에는 랜드마크로 자리 잡도록 멋진 디자인으로 새롭게 신축할 계획이다.

끝이 아닌 또 다른 시작

내가 생각하는 건물 투자에서 가장 중요한 포인트는 '자기주도형', '레버리지', '임대차'라고 말하고 싶다. 저 세 가지의 의미만 잘 이해해도 건물 투자에 성공할 수 있다. 많은 사람들이 건물 투자에서 실패하는 경우도 많은데 이러한 실패 사례를 잘 분석하는 것이 큰 공부가 될 수 있다. 투자의 성공 사례와 실패 사례를 면밀히 분석하고 나만의 투자 노하우를 하나씩 만들어간다면 이만큼 재미있는 재테크도 없다고 본다.

또한 건물 투자는 건물을 구매하고 나서부터가 진짜 시작이다. 건물 관리 관련해서 알아야 할 부분이 생각보다 많다. '임대차관리', '시설관리', '세금', 그리고 '재건축'과 '리모델링'까지… 이 부분이 힘들기도 하지만 그런 만큼 너무 재미있기 때문에 다음 투자를 이끌기도 한다. 건물 투자는 내가 노력한 만큼 성과가 나타난다. 그것이 가장 큰 매력이다. 끊임없이 연구하고 공부하면 그 대가는 갈수록 커진다. 나 역시도 다음 투자를 끊임없이 계획하고 있다. 그리고 지금도 공부 중이다.

모두가 갈망하는 건물주가 되었다고 거기서 끝이 아니다. 건물을 매입함과 동시에 또 다른 시작이 나타난다. 그 시작은 내 자신을 항상 희망과 꿈으로 가득 차게 만들며 나 자신에게 동기를 부여한다. 앞으로의 10년, 20년, 30년 후를 생각하면 지금 이 노력들이 즐겁고 가슴이 벅차다. 포기하지 않고 구체적인 목표를 가지고 끝까지 밀고 나간다면 당신도 누구나 부러워할 만한 건물주가 될 수 있다. 아주 먼 길이 아니다. 불가능한 일도 아니다. 누구든 할 수 있다. 나도 해냈고 당신도 해낼 수 있다. 꼭 해내겠다는 믿음과 확신으로 도전하기를 바란다.

PART 2

20년 투자와 5년 공부로 알게 된
가치보다 싸게
건물 사는 투자 비밀

by 정설

투자에 눈을 뜨다

유학 대신 선택한 독서실 운영

IMF 경제위기 극복이 한창이던 2000년 나는 유학 준비를 하고 있었다. 국내 경기가 좋지 않던 시기라서 해외로 나가는 것은 당시 졸업생들이 많이 하는 선택이었다. 유학을 준비하며 동네에서 가장 시설이 좋은 독서실을 다녔는데 독서실 사장님과 친해져서 술을 마실 기회가 몇 번 있었다. 그때 독서실 창업비용과 수입에 대해 듣게 되었다.

당시 독서실 이용료는 한 달에 10만 원이었다. 100개의 좌석에서 1,000만 원의 매출이 발생하는 구조였다. 지출은 총무 2명 월급 60만 원과 운영관리비 및 월세 160만 원이 전부였다. 매출에서 220만 원

처음 운영했던 독서실 위치

고덕주공아파트

동명근린공원

고덕리엔파크
1단지

5호선

고덕주공2단지

상일동역

강명중

강명초

명일공원

고덕주공3단지

서울외곽순환도로

고덕리엔파크
3단지

고덕주공4단지

고덕주공5단지

매수한 재건축 아파트

고덕주공6단지

독서실 6단지
사거리 삼성엔지니어링
글로벌센터

강동고

고덕주공7단지

상일여중

독서실 위치는 고덕 재건축 근처였다. 나는 이 근처 재건축 아파트를 매수했다.

의 지출을 빼면 순수익이 780만 원이었다.

이 정도 규모에 보증금을 제외한 창업비용으로 6,000만 원이면 충분하다고 했다. 따져 보면 1년 안에 투자한 금액을 회수할 수 있는 구조였다. IMF사태 이후 나라에서 창업대출을 적극적으로 장려하던 때라 이미 마련해두었던 유학비용에 대출금을 보태면 창업이 가능했다.

IMF사태 이진까지는 주로 50대 이상의 퇴직자들이 독서실을 운영했다. 1998년 IMF사태 이후부터 경기가 나빠지면서 독서실 투자가 줄어들고 많은 곳이 문을 닫게 된다. 그러한 불경기를 지나 2001년 이후부터는 최신 시설로 인테리어를 한 신규 독서실들은 거의 대박이 났다.

당시 20대 중반이었던 나에게는 인생의 큰 결정이었다. 창업을 위해 그동안 어렵게 아르바이트를 하며 모은 전 재산을 투자해야 했다. 게다가 추가로 4,000만 원의 대출을 받아야 했는데 20대가 감당하기에는 너무나 큰 금액이었다. 만약 실패한다면 엄청난 타격을 감수해야 했지만 2001년 나는 폼 나는 유학보다 독서실 개업을 선택했다. 다행히 결과는 성공이었다.

첫 번째 부동산 투자

그 후 2년 동안 독서실을 운영하며 1억 원 정도를 모을 수 있었다. 그리고 권리금 1억 원을 받고 매도했다. 나는 이 투자금으로 첫 번째 부동산 투자를 했다. 당시 뉴스에서는 매일 재건축 이야기로 떠들썩했다. 운영했던 독서실이 강동구 재건축 지역에 위치하다 보니 나도 자연스럽게 재건축 아파트에 관심이 생겼다.

부동산에 가서 시세를 알아보다 보니 허탈해지고 한편으로는 화가 났다. 지난 2년 동안 마음고생을 하며 벌어들인 독서실 운영수익에 권리금을 더해도 재건축 아파트 투자로 벌 수 있었던 수익이 더 높았기 때문이었다. '독서실 개업을 하지 않고 그 자금으로 재건축

아파트에 투자했다면…' 하는 생각에 한동안 머리가 복잡했다.

그 이후 재건축 아파트에 대한 자료를 찾으며 열심히 분석했다. 동시에 고덕, 가락, 개포 등 유망 재건축 아파트 지역의 공인중개사 사무실을 50군데 이상 방문했다. 몇 달의 분석을 통해 '지금 매수해도 충분히 수익이 나겠다'라는 결론이 나왔고 당시 급매로 3억 5,300만 원에 나와 있던 고덕 재건축아파트 매물을 2004년 3월에 매수했다. 계약 당일 500만 원을 더 올려달라는 매도인의 갑작스러운 요구에 조금은 당황스러웠지만 최저가 매물이었기 때문에 계약을 했다.

첫 번째 부동산 투자였던 고덕 재건축 아파트는 6억 3,000만 원까지 올랐다가 2008년 금융위기의 영향으로 4억 초반까지 떨어졌다. 이후 부동산은 계속 침체기였고, 재건축 아파트의 진행이 몇 년 동안 정체되었다. 뉴스에서는 '하우스푸어'라는 단어가 매일 등장했었다. 부동산 투자 분위기가 조금씩 살아나는 2015년이 되어서야 드디어 조합원 분양을 한다는 조합의 소식지가 도착했다. 내가 가진 지분으로 34평을 분양받으려면 추가분담금을 1억 원, 42평을 분양받으려면 추가분담금을 1억 9,000만 원을 내야 했다.

금액 차이가 9,000만 원 차이밖에 나지 않으니 당연히 42평을 분양받는 것이 좋다고 생각하겠지만 당시 부동산 경기가 많이 침체된 상황이라 큰 평형을 선호하던 시기가 아니었다. 당시 시공사들도 40평대는 총 가구 수의 5% 정도밖에 짓지 않던 시절이었다. 보유한 대지지분이 크지 않아 순위에서 밀릴 수 있는 입장이었지만 다행히도 신청자가 적어 42평을 분양받을 수 있었다. 마침내 2018년에 입주를 했고 현재 34평의 시세는 대략 16억 원, 42평은 20억 원 전후다.

다른 투자에서 얻은 경험

독서실을 매도한 이후에는 인테리어를 도와주었던 사장님과 함께 프랜차이즈 사업을 시작했다. 교육청의 까다로운 허가가 필요한 독서실 위치를 선정하는 일은 쉽지 않다. 그때 지역을 분석하며 고민했던 시간들은 이후 부동산 투자에 큰 도움이 되었다.

나는 여러 가지 사업을 통해 연극배우들처럼 다양한 인생을 살아보고 싶었다. 그래서 안정적으로 운영되는 독서실 프랜차이즈 사업과 동시에 문구제조 및 유통, 수능 학습지 제작 등 다양한 사업들을 병행했다. 사업을 하며 생기는 수입으로 부동산을 계속 매수했다. 아파트 5채, 오피스텔 2채, 상가 1채 등을 보유했지만 상승기를 맞아 운 좋게 올랐던 아파트 2채 외에는 보유기간에 비해 크게 재미를 보지 못했다. 지금 생각해보면 사놓고 가격이 오르기만을 바라는 기우제 같은 투자였다.

당시 내 생각에는 우리나라에서 돈을 버는 방법으로는 주식 투자, 부동산 투자, 그리고 사업밖에 없었다. 그래서 2010년부터 2년 동안은 주식에만 몰두하기도 했었다. 밤에는 미국주식을 하며 주식차트를 공부했고, 낮에는 한국주식을 하며 정보를 제공받아 매매하는 투자를 했다.

결론적으로 주식 투자를 하면서 느낀 점은 너무 불안정하고 나와 맞지 않는다는 것이었다. 하루 종일 시세와 뉴스에 온 신경을 곤두세워야 했고, 하루하루가 힘들고 괴로웠다. 수익이 생겨도 많이 못 벌어 자책했고 잃으면 잃어서 자책했다. 돈은 적지 않게 벌었지만 항상 뉴스에 신경을 쓰며 살았기에 삶이 피폐해지는 느낌이었다. 그때 느낀 점은 투자도 자신과 맞아야 할 수 있다는 것이었다.

드디어 건물을 사다

35억 원에서 23억 원대로,
노원구 지상 5층 건물

재건축 투자 이후 꾸준히 부동산에 대해 공부했다. 2010년 초반 이후부터 각종 부동산 세미나들이 다양하게 생기기 시작했는데 거의 모든 곳에 참석하곤 했다. 그리고 그때는 요즘처럼 부동산 관련 서적이 많지 않았었기에 출간되는 부동산 관련 서적을 거의 다 읽고 또 읽었다.

그 많은 책 중에 건물을 사는데 가장 큰 영향을 끼친 책은 2011년에 성선화 기자님이 다양한 빌딩부자들을 인터뷰하며 쓴 《빌딩부자들》이었다. 당시 나의 상황은 건물을 산다는 것은 엄두도 못 낼 때지

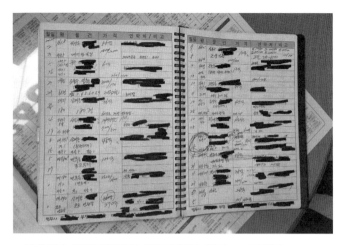

그 당시 내가 매입한 건물을 중개해준 공인중개사의 2017년 장부.
그 당시 노원구 건물이 35억에 매물로 나왔던 것을 알 수 있다.

만 다양한 사람들의 건물 이야기는 내 기억에 강하게 남았다. 이 책에 영향을 받고 난 이후 내가 건물을 산 시기는 2020년 후반이었다.

토지, 상가, 아파트, 공장 등 다양한 부동산에 대해 공부했지만 내가 선택한 부동산의 종류는 상가건물이었다. 상가건물을 택한 이유 중 첫 번째는 건물 투자가 토지를 기반으로 한 부동산이라는 점이었다. 부동산의 근본적인 가치는 토지다. 같은 토지라도 그 위의 건축물은 시대에 따라 변화한다. 건축물은 소모성이고 토지는 영원하다.

두 번째 이유는 그저 오르길 바라는 기우제 투자가 아니고 직접 스스로 개발을 할 수 있다는 점이었다. 소유자의 능력에 따라 그 가치가 달라지는 것이다. 그저 바닷가의 오래된 펜션으로 방치하는 사람이 있는가 하면 그것을 개발하여 바닷가 옆 카페로 만드는 사람이 있는 것처럼 말이다.

세 번째 이유는 월세 수익이었다. 보유한 토지가 넓은 부동산 중 토지의 가격상승과 월세 수익 둘 다를 만족시키는 것은 공장과 상가건물이다. 공장도 훌륭한 투자가 될 수 있지만 그 수요가 한정적이다. 그래서 선택한 것이 상가건물이었고 건물을 사기 위해 오랫동안 공부했다.

내가 산 건물은 2017년 매매로 35억 원에 나온 노원구의 지상 5층 건물이었다. 2018년부터 계속 지켜보다가 2020년 코로나 영향으로 25억 원까지 떨어졌을 때 가격협상을 통해 23억 5,000만 원에 이 물건을 샀다. 통임대로 보증금 7,000만 원에 월세 700만 원을 받던 물건이었다.

이후 2022년 현재 6억 원 정도를 들여 건물 리모델링을 하고 있다. 리모델링 공사 중에 제일 작은 규모인 5층 40평이 보증금 5,000만에 월세 300만 원으로 임대차 계약이 되었다. 연면적 약 250평에서 나올 총 임대수익은 총 1,800~2,000만 원 정도로 예상된다.

이 건물은 2종일반주거지역에 있는 물건이라서 원래는 200평까지 건축이 가능한 토지다. 이러한 용도지역에 대한 법은 2003년에 생겼는데 이 건물은 그 직전에 건축허가를 받아 250평으로 지어진 건물이었다. 2003년 전에 지어진 건물 중에는 이러한 용적률 혜택을 받은 건물들이 꽤 있다.

문제는 5층 건물인데도 엘리베이터가 없다. 이 단점만 해결한다면 수익이 커질 것이라고 생각했다. 하지만 이미 허용된 건폐율과 용적

리모델링 중인 건물의 모습

률이 초과되어 지어진 건물이었기에 내부에 엘리베이터를 설치해야 했다. 이는 실사용 면적이 줄어든다는 뜻으로 임대소득이 줄어들기에 아쉬울 수밖에 없었다.

이를 극복하는 다른 방법으로는 12인승 이상의 장애인 엘리베이터를 외부에 설치하는 방법이 있다. 건물 외부에 승강기를 설치할 공간이 있다면 장애인 엘레베이터는 용적률과 건폐율에 상관없이 추가로 설치가 가능하다. 엘리베이터를 건물 내부가 아닌 외부에 설치할 수 있는 곳이 있다면 전체 연면적에 큰 이득이 생기는 것이다. 예를 들어, 기본이 12인승인 이러한 엘리베이터를 설치하려면 한 층당 $(2.6m \times 2.1m = 5.46m^2 =)$ 약 1.65평이 필요하다. 5개층이라면 약 8.2평의 면적이 필요한 것이다. 내부에 설치한다면 기존 연면적에서 8.2평을 손해보는 것이고 외부에 설치하면 8.2평이 생기는 것이다. 실제 임대를 줄 수 있는 면적으로 보면 16평 이상의 차이가 생긴다. 보통은 건축법에서 지켜야 하는 주차장법 때문에 외부에 설치하기가 쉽지 않다.

이러한 이유로 외부에 엘리베이터를 설치하는 것이 가능한지 매수 전에 알아보았다. 15곳 이상의 건축사 사무실을 돌아다녔지만 대부분이 안 된다고 했다. 하지만 두 군데 정도에서 가능할 수도 있다는 답변을 들었다. 결론적으로는 다행히도 외부에 장애인 엘리베이터를 설치할 수 있었다.

쉽지 않은 부동산 공부

오랫동안 부동산 공부를 하면서 강의나 책이 이해가 되지 않아 다섯 번 넘게 반복해서 읽은 적이 많다. 그리고 실제 성공사례를 접할 때면 지도의 축적을 달리하여 출력한 후 왜 이곳에 투자했는지를 며칠씩 분석했다. 부동산에 대한 개념이 없었기에 그때는 정말 무식하게 공부를 했다.

나에게 부동산 공부는 여전히 쉽지 않다. 아마 나처럼 부동산 공부를 하는 것이 쉽지 않은 사람들이 있을 것이다. 다이어트 정보처럼 정말 많은 부동산 정보들이 넘쳐나기에 이 단편적인 정보들 속에서 자신만의 투자 기준을 잡기가 힘들 것이다. 내가 볼 때 부동산 공부는 3단계로 나누어진다. 부동산에 대한 정보를 얻거나 부동산 공부를 할 때 자신이 어느 단계에 있는지를 알아야 한다.

첫 번째는 '마음가짐' 단계다. 많은 책들이나 강사나 유튜버들이 가장 많이 팔아먹는 내용이다. 나쁘게 이야기하면 실체가 없는 이야기이고, 좋게 이야기하면 투자를 하는 데 있어 정말 중요한 단계다. 마음의 불안을 없애기 위해 이 단계에만 머물면 '이제 투자를 해야지'라며 계속 마음만 다잡는다. 가슴이 벅차오르는 이야기를 듣기 위해 방랑자처럼 돌아다니기만 한다. 투자를 해야겠다고 마음먹는다면 그 후에는 그냥 뒤돌아보지 말고 자신을 믿고 가야 한다. 불안해하지 말고 가야 한다. 투자하지 않는 삶이 더 불안한 삶이다.

두 번째는 '기본적인 지식' 단계다. 지식 장사꾼들도 많다. 박사논문 같은 어려운 이야기들로 가득한 세상이다. 여기에 빠져드는 사람들도 많다. 특히 공부량이 방대한 경매 분야에서 실전 투자보다는 공부에만 시간을 쓰는 사람이 많다. 이 단계에만 머물면 '똑똑하지만 돈을 벌지 못하는 사람'이 되기 쉽다.

세 번째는 '투자를 위한 진짜 지식' 단계다. 많은 사람들이 이것을 얻기 위해 돌아다니지만 쉽게 발견하기가 힘들다. 찾지 못하고 조급한 마음에 결국 엉터리 투자를 하기도 한다. 늦더라도 반드시 성공확률이 80% 이상인 투자처를 찾아야 한다. 많은 투자 사례를 보고 검증하고 내가 할 수 있는 투자를 해야 한다. 이 단계가 진정한 투자 단계이기에 가장 많은 시간을 들여야 한다.

자신이 어느 단계에 있는지 한번 생각해보자. 세 번째 단계에 있는 사람이라면 그것을 통해 돈을 벌 수 있고 그 지식을 더욱더 단단하게 발전시킬 수 있다. 첫 번째 단계와 두 번째 단계에 관한 정보들은 세상에 넘쳐난다. 여기에서는 세 번째 단계에 속하는 '내가 상가건물을 매수하는 방법'에 대해 이야기해보겠다. 상가건물을 사는 나만의 방법을 공유하고자 한다.

건물 싸게 사는 법

우선 내가 건물을 사려는 지역은 강남권과 마포 · 용산 · 성동구 등 주요지역을 제외한 서울의 비주요지역이다. 주요지역을 제외한 이유는 건물을 매수한 후 리모델링이나 신축을 해서 가치를 올려야 하는데 주요지역의 경우 경쟁자도 많고, 그에 따른 수익률을 맞출 수 있는 물건을 찾기 힘들기 때문이다.

반면 비주요지역은 경쟁자도 별로 없고 잘 팔리지 않는 매물을 싼 가격에 매수하기가 좋다. 이 지역에서 좋은 물건들 찾는 것은 그렇게 어렵지가 않다. 더군다나 실제 경기가 안 좋을 때라면 이런 지역은 정말 엄청난 할인을 받을 수 있다.

주요지역을 강조하는 전문 건물 중개인들은 주요지역이 아니면 팔기 힘들다고 말한다. 맞는 말일 수 있다. 건물을 사려는 부자들은 주요지역 물건만을 사려고 한다. 하지만 서울의 비주요지역이라도 수익률 좋은 물건은 당장에 팔린다. 싸게 사서 가치를 만들고 좋은 수익률에 내놓는다면 쉽게 매도할 수 있다.

건물을 사는 기본 원칙은 가치 있는 건물을 싸게 사는 것이다. 너무 당연한 말이지만 정말 중요하고 꼭 지켜야 하는 기본적인 내용이다. 그렇다면 어떻게 해야 싸게 살 수 있는 것일까? 서울의 비주요지역 내에서 내가 건물을 싸게 사는 방법은 다음과 같다.

- 1층 상가의 평당 월세가 20만 원 이상 되는 곳을 발견하면 그 상권의 어느 범위까지 평당 월세를 20만 원 전후로 받을 수 있는지 네이버 부동산 또는 해당지역의 공인중개사에 전화해서 알아낸다.
- 현재 그 지역의 면 · 선 · 점에 대해 분석한다.
- 그 지역의 미래가 될 면 · 선 · 점에 대해 분석한다.
- 이렇게 분석한 지역을 계속 늘려가며 좋은 매물이 나오는지 확인한다.
- 마음에 드는 물건이 나오면 충분히 수익이 생길 만한 가격까지 내려오기를 기다린 후 10~20% 더 저렴한 가격으로 협상한 후 매수한다.

이런 매수방식의 가장 큰 장점은 그때그때 보이는 물건을 가지고 즉흥적으로 판단하는 것이 아니라 이미 충분히 파악한 지역의 물건을 사는 것이다. 이미 아는 지역의 물건을 간단한 수익률 계산을 통해 구매를 결정하는 것이다.

면·선·점

특정한 지역의 건물 수익률을 계산할 때 효율적인 방법은 면·선·점에 대해 분석하는 것이다. 면은 지역에 관한 이야기다. 면에 대해 이야기하자면 우선 약간의 상상력이 필요하다. 36.5도의 체온을 가진 사람들을 빨간 구슬이라고 생각해보자. 구매력이 높은 사람은 좀 더 큰 빨간 구슬이고 구매력이 낮으면 작은 빨간 구슬이다.

사람을 구슬로 표현한 이유는 어떤 지역인지에 대한 선입견을 배제하고 좀 더 객관적으로 보기 위해서다. 예를 들어, 그 지역에 기업이 많다면 빨간 구슬이 낮에만 있다가 저녁에는 먹자골목으로 가거나 집을 향해 움직일 것이다. 빨간 구슬들은 어디에서 소비를 할까? 빨간 구슬이 회사 밖을 나와 뭉쳐있는 곳은 어디인지 생각해보면 알 수 있다.

공장지역을 상상해보자. 구슬이 많을까? 요즘 공장에는 사람이 별로 없다. 공장이 아무리 커도 자동화가 되어 일하는 사람이 거의 없다. 주변에 공장이 많다고 선뜻 투자해서는 안 되는 이유는 돈을 쓰는 것은 빨간 구슬이기 때문이다. 주택가는 어떨까? 낮에는 주부들이 많이 있을 것이고, 주부들의 동선에 가장 구슬이 많을 것이다. 학교가 끝나며 아이들이 나오지만 그들은 정말 작은 구슬이다.

강남의 아파트 주변 상가나 백화점에는 큰 구슬들이 돌아다닐 것이다. 구매력은 지역을 분석할 때 정말 중요한 요소다. 다시 말해 면

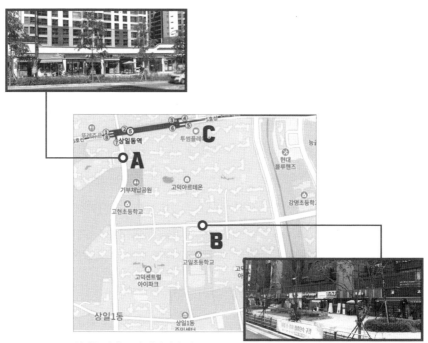

상일동역 출구와 자이상가 지도

은 그 지역에 구매력이 있는 사람이 얼마나 많이 있는지를 파악하는 개념이다.

'선'은 그 빨간 구슬들이 움직이는 동선이다. 보통 사람들은 '주요 동선에 있는 상가가 좋은 상가다'라고 이야기한다. 그런데 이렇게 쉽게 생각하면 중요한 것을 놓치기 쉽다.

앞의 지도에서 보면 A지역의 상가는 사람들이 다니는 지하철 출구 앞의 상가다. 이곳이 B지역보다 좋아 보일 수 있다. 하지만 이곳에서 잘되는 것은 편의점 정도일 것이고 그마저도 장사가 잘 될지는 의문이다. 2020년 초반에 입주했지만 아직도 빈 상가가 있다.

B지역 상가는 지하철역에서 더 멀리에 있다. B지역 상가도 지하철로 이동 가능 동선상에 있기는 하지만 역에 가까운 아파트 사람들은 상일역 5번 출구의 C지역 상가를 이용할 것이기에 B상가는 그만큼 위치적으로 불리하다. 하지만 2021년 초반에 입주한 B지역 상가는 공실이 없고 이용하는 사람들도 훨씬 많다. 이처럼 지하철역 기준으로 위치적으로 불리한 B지역이 역 바로 앞의 A지역보다 활성화된 이유는 상가의 수가 많아서 사람들이 많이 모여드는 주요소비지역이 되었기 때문이다. A지역에는 총 10개의 상가가 있고 B지역에는 27개의 상가가 있다. 그리고 한 개의 상가당 평균 면적도 B지역이 2배 정도 크다.

이처럼 상권의 규모는 아주 중요하다. 너무 많아도 안 좋지만 너무 적다면 다른 주요소비지역으로 사람들이 이동한다. 성공적인 상가가 되기 위해서는 반드시 사람들이 원하는 어느 정도 이상의 수가 모여 있어야 한다. 다시 말해 선을 분석한다는 것은 빨간 구슬들의 동선상에 있는 주요소비지역을 찾는 것이다.

'점'은 주요소비지역이 있는 '선' 위에 있는 토지의 사용가치를 말한다. 우리가 돈을 벌기 위해서 해야 하는 것은 특정한 '선' 위에서 가장 월세를 많이 받을 수 있는 '점'을 찾는 것이 아니다. 우리가 찾아야 할 '점'은 어디에 있든지 그냥 수익률이 좋은 '점'이다. 좋은 면과 좋은 선 위에 있지만 특정한 점의 수익률이 안 좋을 수 있다. 지역과 위치의 수준이 조금 안 좋아도 특정한 건물의 수익률이 다른 곳과 비교했을 때 제일 좋다면 그것이 제일 좋은 건물이다. 부동산 투자는 일등 입지의 물건에 투자하는 게임이 아니다. 가치가 있고 싸게 나온 한마디로 가성비 좋고 수익률 좋은 물건을 사는 게임인 것이다.

면, 재개발 재건축 등
지역의 호재

면 · 선 · 점에 대한 이해를 돕고자 내가 건물을 구매한 석계역 지역에 대한 분석을 예로 들어본다. 석계역을 분석지역으로 선택하고 건물까지 구매하게 된 이유는 다음 지도에서 A지역에 표시한 선 있는 곳의 1층 평당 임대료가 20만 원 이상이었기 때문이었다.

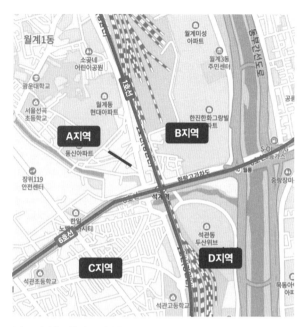

석계역 상권을 이용하는 지역은 1호선과 6호선을 기준으로 위의 그림처럼 4개
의 면으로 나누어진다.

석계역 상권을 이용하는 지역은 1호선과 6호선을 기준으로 위의
그림처럼 4개의 면으로 나누어진다.

A지역: 9,000세대 정도가 주변에 있고 이 중 6,000세대가 재개발
과 재건축 진행 중이다. 진행단계는 대부분 이주 · 철거단계로 3~4년
후에는 입주 예정이다.

6호선을 이용하는 광운대 학생(재학생 11,000명)들의 주통학로다. 근
처에 광운대뿐만 아니라 한국예술종합학교, 서울여대, 삼육대, 육군

사관학교, 서울과기대, 인덕대 등이 있는데 이 대학들 주변에는 소비지역이 발달하지 못했기에 많은 대학생들이 석계역을 이용한다.

상권분석: 올리브영, KFC, 파리바게트, 베스킨라빈스, 투썸 플레이스 등 주요 프랜차이즈가 들어와 있는 주요소비지역이다. 4개의 지역 중 가장 임대료도 높고 유동인구가 많다. 주요 프랜차이즈와 먹자골목이 형성되어 있지만 상가의 수가 적어 먹자골목이 C지역으로 확장 중이다.

B지역: 그랑빌 아파트 3,000세대와 재건축을 앞둔 미미삼아파트(미성·미륭·삼호아파트) 4,000세대가 있는 아파트 밀집지역이다. 지하철역 주변에 지역주택조합 사업을 추진했지만 신축빌라 등이 생기면서 개발이 쉽지 않아진 지역이다. 지도에서 보이는 광운대역세권 철도부지에 철거가 거의 완료되어, 3,000세대 정도의 신축아파트가 2023년 착공 예정이다.

상권분석: 역 주변으로 상가건물이 고작 몇 개로 그 수가 너무 적어 주요소비지역이 되지 못하고 사람들이 A지역으로 이동하여 소비를 하고 있다.

C지역: 5,000세대 정도의 다세대 다가구 밀집 지역이다. 주변에서 소규모의 가로주택정비사업 등 개발을 시도하고 있지만 빌라나 원룸 등을 계속 신축하고 있기 때문에 개발진행이 쉽지 않은 지역이다.

상권분석: A지역에서 필요로 하지만 충분하지 못한 먹자골목이 이

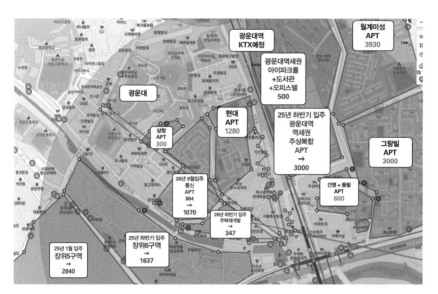

A지역에서 D지역 중 주요소비지역인 A지역 분석

곳까지 왔다. 하지만 역 주변 몇 개의 건물을 제외하고는 대부분 다
가구와 다세대로 이루어진 지역이라서 1층에만 상가가 있다. 역에서
멀어질수록 평당 임대료가 많이 내려간다.

D지역: 2,000세대의 아파트가 있다. 도로와 철도, 중랑천으로 단절
되어 있다.

상권분석: 아파트 상가를 주로 이용하고 이 지역 역시 A지역으로 이
동하여 소비를 하고 있다.

위의 그림을 통해 A지역에서 D지역 중 주요소비지역인 A지역 주

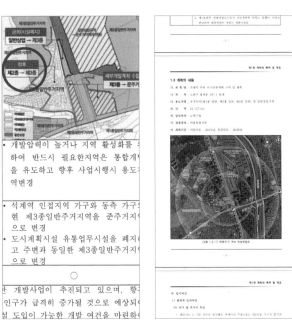

석계역의 종상향 예정 내용

변에 대해 자세히 분석해보자. 파란 글씨로 쓰인 것이 변화하는 면이다. 주변의 재개발과 재건축, 그리고 광운 역세권 개발 등으로 인해 면의 변화가 생기는 것이다. 이러한 분석을 통해 나는 A지역의 매물이 나오는 것을 지켜보았고, 2018년부터 나온 매물을 2년 정도 더 기다려 코로나19 시기에 가격을 더 낮추어 매수했다.

면을 조사하다 보면 그 지역의 변화가 예상되기도 한다. 석계역처럼 주변이 개발되면 역 주변의 주요지역은 개발을 강요당하기도 한다. 주변의 오래되고 낡은 동네가 개발되다 보니 주요소비지역인 석

'석계역 주변 지구단위계획 수립 용역' 계약 현황

계역의 종상향이 예정되어 있다. 주변부가 새것으로 변화하는데 중심부가 낡아 있고 상권의 수가 작다면 주민들이 불편하니 주요상권들도 이제 변화를 시작하라는 의미인 것이다.

석계역 부근에는 2종일반지역을 3종일반지역으로, 3종일반지역을 준주거지역으로 종상향시키려는 계획이 2023년 말 정도에 발표될 예정이다. 종상향이 되면 100평 토지 위에 건축 연면적 200평까지 가능했던 것이 250평까지 지을 수 있는 것이다. 땅의 가치가 올라가는 것이다.

내가 건물을 매수한 시기는 2020년 말이었다. 2021년 6월에 노원구청에서 지구단위계획 용역을 발주했다. 많은 부동산 개발 계획들이 발표만 되고 실행이 안 되는 경우가 많다. 하지만 이처럼 개발되는 지역 사이에 끼어 있는 곳은 개발될 가능성이 많기 때문에 면에

대한 개발계획을 깊이 있게 분석하면 좋은 부동산을 매수할 가능성
이 높다.

선, 사람들이 이동하는 동선

빨간 구슬들이 일하고 먹고 즐기기 위해 이동하는 동선이 있다. 일
하기 위해 지하철을 타고, 먹기 위해 음식점이나 카페를 가고, 즐기
기 위해 외곽으로 나가거나 주변의 서비스 업종을 이용하는 것이다.
하지만 앞에서 말한 것처럼 이러한 동선이 중요한 것이 아니다. 이
동선상에 있는 주요소비지역을 찾아야 한다. 선에 대한 분석을 할 때
는 면에 대한 분석처럼 넓은 지역에 대한 분석부터 이루어져야 한다.

보통 크게 지도를 볼 때 중요한 것은 주요도로와 철도(지하철)다.
역사적으로 철도와 주요 도로 주변의 상권이 거점 역할을 하며 발전
해왔기 때문이다. 비슷한 임대료의 비슷한 상권에 있는 두 개의 건물
을 구매하려고 고려 중이라면 주요도로과 철도가 가까운 곳을 매수
해야 한다.

석계역은 남양주시와 구리시에서 들어오는 길목에 있다. 주요 도
로로는 월릉 IC를 이용하여 5분 안에 바로 진입할 수 있는 동부간선
도로와 북부간선도로가 있다. 동부간선도로는 서울 시내의 강변북로
로 이어지는 주요 도로다. 북부간선도로를 이용하여 제2경부고속도
로로 불리는 세종 · 포천 고속도로와 수도권 제1고속도로로 진입할

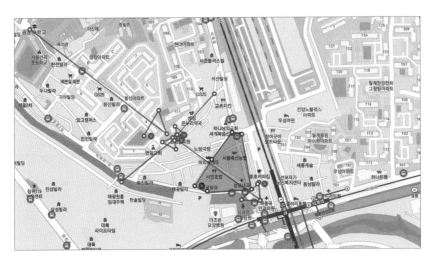

'선'을 통해 본 석계역 주변

수 있다.

석계역은 1호선과 6호선의 환승역이다. 또 남양주와 구리에서 서울로 들어오는 길목이기 때문에 많은 버스가 정차한다. 그래서 석계역에는 오래전부터 먹자골목과 주요상권이 형성되어 왔다. 또한 주변에 대한민국의 중심이 될 삼성역까지 10분밖에 걸리지 않는 새로운 교통수단인 GTX가 확정되었다. 예정역은 광운대역으로 내 건물은 석계역과 광운대역 사이에 있어 광운대역까지 도보로 10분도 걸리지 않는다. 광운대역은 환승역이 아니고 주변 상권이 작기에 먹자골목 등의 주요소비지역은 석계역 주변이 될 가능성이 높다.

이런 개발들이 이루어지면 석계역에는 더 많은 빨간 구슬이 들어올 것이다. 향후 GTX와 함께 KTX도 예정되어 있으니 구슬의 수는

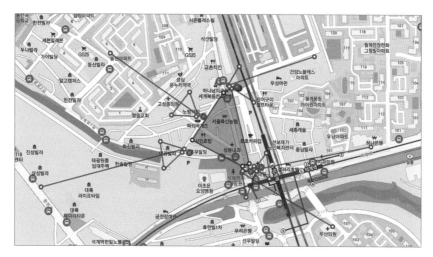

석계역 기준 돈이 되는 선의 이동. 바뀐 동선은 표시한 삼각형 부분의 상권을 더욱 소비력이 큰 지역으로 만든다.

더 늘어날 것이다. 지하철로 가는 여러 동선들이 소비지역을 만들고, 그중 가장 규모가 크고 편리한 곳에 주요소비지역이 형성된다. 첫 번째 지도에 표시한 삼각형 부분이 석계역에 형성된 주요소비지역이다. 이 주요소비지역의 자리가 잡히고 더 커지면 사람들의 소비동선은 두 번째 지도처럼 바뀐다. 바뀐 동선은 표시한 삼각형 부분의 상권을 더욱 소비력이 큰 지역으로 만든다.

그렇다면 주요소비지역은 어떻게 찾을 수 있을까? 임대료의 높고 낮음이 자연스럽게 형성되어 있어 쉽게 찾을 수 있다. 그 지역에서 가장 높은 임대료를 형성하는 곳이 주요소비지역이다. 주요소비지역의 1층 평균 월세가 20만 원이라면 그것의 80%인 16만 원까지는 주

석계역 근처 임대 지도

단위: 평당

요소비지역 선상의 끝자락이라고 볼 수 있다.

　지역을 분석할 때 꾸준하게 해야 하는 것 중에 하나가 임대료를 기록하는 것이다. 임대료는 임대차계약이 되면 사라지기 때문에 실거래가로 기록되지 않는다. 따라서 최소 6개월에 한 번씩은 업데이트를 해야 한다. 이렇게 지속적으로 업데이트해야 주요소비지역의 변화도 관찰할 수 있다. 주의할 점은 신규로 조성된 상권에서 위와 같은 분석이 정확하지 않다는 것이다. 임대료는 최소 10년이 넘은 상권에서 조사를 해야 그 의미가 있다고 볼 수 있다.

　이러한 분석을 통해 나는 석계역의 주요라인에 물건이 나오기를 기다렸다가 매수했다. 가장 임대료가 비싼 곳의 건물은 좀처럼 매물로 나오지 않는다. 따라서 주요소비지역에 포함되어 있고 수익률이 좋은 매물이 나온다면 과감하게 매수 결정을 해야 한다.

점, 토지의 사용가치를 높이는 것

면과 선은 직접 개발하기가 쉽지 않지만 점은 개인의 능력으로 개발시킬 수 있다. 점은 해당 토지의 사용가치를 높이는 것을 말한다.

예를 들어, 2003년 이전에 건물이 지어져 법정용적률보다 혜택을 더 받았다거나 주변에 국유지를 효율적으로 사용할 수 있는 토지일 때 등이다. 또는 병원이 들어오면 좋은 위치인데 건물이 다가구주택일 경우 멸실하고 상가건물을 신축하는 것도 이에 포함된다. 그리고 경사를 이용하여 1층을 2개로 만드는 것과 대로변의 비싼 필지와 바로 뒷면의 저렴한 필지를 합쳐 모두 비싼 필지로 만드는 것도 마찬가지다. 다시 말해, 점은 아이디어와 많은 고민을 통해 건물주가 개발을 할 수가 있다. 건물 리모델링도 대표적인 점 개발이라고 볼 수 있다.

그리고 점을 개발하는 또 다른 방법은 그 점 위에서 직접 장사를 하거나 사업을 운영하는 것이다. 오래된 공장이 카페가 되거나 망한 펜션을 키즈 풀빌라로 개발하는 것과 같이 요즘은 각종 SNS 등을 통해 사람들이 발품을 들여 찾아오도록 할 수 있기 때문에 점 개발만 잘해도 성공할 수 있다.

하지만 그렇다고 하더라도 건물은 반드시 좋은 면과 돈 되는 선 위에 있는 것을 사는 것이 좋다. 사업은 자신의 의지와 상관없이 망할 가능성도 많기 때문에 임대로 내놓아야 하는 상황이 생기기 때문이다. 유명 맛집 임차인이 있다고 좋지 않은 위치의 건물을 매입한다면 큰 손실을 볼 수도 있다. 장사를 잘하는 임차인은 언제든 떠날 수 있다. 그러면 그 순간부터 애물단지를 안고 살아야 하는 것이다.

요즘 프랜차이즈 본사와 건물주가 동업을 하여 운영은 본사에서 하고 수익은 쉐어하는 방식이 많이 늘고 있다. 그 이유는 그렇게 해야 공실에 대한 위험이 줄어들고 수익이 늘기 때문이다. 예전에는 편의점이나 스타벅스 등이 그랬지만 요즘은 공유오피스, 독서실 등 다양한 업종에서 이러한 방식을 택하고 있다. 향후 금리가 더 올라가거나 경기가 안 좋아진다면 앞으로는 이러한 동업보다 건물주들이 수익을 높이기 위해 직접 운영을 해야 할 것이다. 그렇기 때문에 건물주들도 장사나 사업에 관심을 가지고 생각하고 연구해야 한다. 그래야 임차인을 받을 때도 그 임차인의 업종이 내가 가진 건물에서 수익을 낼지 아닐지를 판단할 수 있다.

잘 되는 업종을 선택하기 위해서는 상권에 대한 이해가 필요하다. 상권을 구분할 때 나는 시간대별로 구분한다. 상권을 이해하기 쉽도록 내가 만든 구분법이라서 생소할 수 있지만 하나의 기준으로 참고 삼아 봐주기를 바란다. 시간대별 구분의 기준은 빨간 구슬들이 저녁시간을 활용하기 위해 어디까지 가는지를 보는 것이다.

• **0608상권** 보통 동네상권으로 오후 6시부터 8시까지 거리에 사람들은 다니지만 보통 8시 이후에는 구매력이 확 줄어든다. 저녁을 먹

고 간단하게 커피 한 잔 정도 먹을 수 있는 상권이다. 앞에서 살펴본 상일역 주변 상가를 얘기할 때 B상가가 0608상권이다.

• **0810상권** 보통 작은 역세권이거나 중간 크기의 거점이 되는 상권으로 저녁 8시부터 10시까지 활발하다. 자신의 동네에서 '저녁을 먹고 가까운 곳에서 술 한 잔 해야겠다'라고 했을 때 떠오르는 곳이 0810상권이다.

• **1012상권** 밤 10시부터 12시 상권은 보통 역세권이고 그 지역의 대표상권이다. 보통 2차 이상의 술집을 가거나 노래방을 가기 위해 가는 곳이다. 석계역 상권은 여기에 포함되어 있다.

• **1206상권** 서울 시내의 주요거점들이다. 강남, 홍대, 이태원 등이다. 밤 12시 이후 새벽까지 활발한 상권으로 한마디로 불야성을 이루는 곳을 말한다.

이렇게 상권을 볼 때 주의할 점은 시간대가 이르다고 해서 쓰는 돈도 작다는 것은 아니다. 0608상권이라고 해도 그 지역에서 소비되는 돈은 엄청날 수 있다. 얼마나 크고 많은 구슬들이 가느냐가 중요하다.

내가 분석한 지역이 어느 상권에 속하는지는 생각해보고 판단할 필요가 있다. 그래야 그곳에 어울리는 업종을 파악해서 직접 사업을 하거나 안정된 임차인을 받을 수 있기 때문이다.

가치보다
싸게 사는 눈

5억 5,000만 원이 63억 원이 되는
가장 안정적인 방법

현재 내가 이러한 면·선·점으로 분석해서 지켜보는 곳이 20곳이 넘고 계속 늘려가고 있다. 해당지역의 월세를 통해 수요의 크기와 상권에 대해 이해하는 면·선·점 분석방법은 현실적이고 효율적이다. 이를 통해 흩어지는 상권은 버리게 되고, 보다 더 독점적인 주요 소비상권을 눈여겨보게 된다.

20곳을 넘는 곳의 매물을 살펴보는 데 걸리는 시간은 경매와 공매 물건을 포함해도 고작 30분도 되지 않는다. 이미 분석을 한 곳이기도 하고 새로운 매물이 자주 나오지 않기 때문이다. 가끔 새롭고 좋은 매물이 나올 때만 조금 시간을 들여 분석하면 된다.

그리고 좋은 물건이 나와도 급하게 분석하고 초조해할 필요 없이 계속 지켜보면 된다. 건물은 그 특성상 매도하는 데 오래 걸린다. 충분히 검토하고 가격이 조정될 때까지 기다리면 된다. 상승기에 살 때도 가치 대비 충분히 싸게 사야 하고, 침체기라면 더 많이 싸게 사야 한다.

건물의 가치를 알고 싸게 사기 위해서 반드시 필요한 것이 경매 공부다. 경매에서 낙찰받기 위한 것과는 또 별개로 실제로 내가 사려는 건물이 경매에 넘어갔을 때 얼마에 낙찰될지를 알아야 하기 때문이다. 그 예상 낙찰가가 건물의 현재 가치다.

얼마에 낙찰될지를 보려면 주변의 실거래가를 알면 된다. 디스코 등의 실거래가 앱을 사용하여 상업용 건물로 분류해보면 해당 건물의 거래가격을 유추할 수 있다. 이러한 유추가격은 실제로 감정평가에도 사용된다. 건물의 가치를 알기 위해 가장 중요한 것은 주변 건물의 실거래가다. 이러한 실거래가를 통해 감정평가도 이루어지고, 그것은 또한 대출의 기준이 된다.

내가 건물을 매수한 2020년 12월 잔금 이전에 주변 상가 건물의 상황을 살펴보면 다음 그림과 같다. 토지가격 기준으로 A는 2019년 8월에 평당 4,700만 원에 거래되었고, B는 2020년 11월에 평당 3,900만 원 그리고 C는 2018년 8월에 평당 4,200만 원에 거래되었다. 이 정도의 실거래가가 기록된 지역의 상가건물 감정평가금액은 대략 평당 4,000만 원 정도로 결정된다.

건물을 매입했던 2020년 10월에 볼 수 있었던 석계역 주변 상업용 건물 실거래가

감정평가 금액이 평당 4,000만 원이라도 건물을 매입할 때 대출은 매매가 기준으로 은행별로 최대 70~80%까지만 가능하다. 내가 매입한 건물은 토지가 100평에 연면적이 250평인 건물이었다. 매매가는 23억 5,000만 원으로 토지기준 평당 2,350만 원 정도에 매수했다. 매수할 때는 매수가 기준으로만 대출이 되기 때문에 은행별로 70~80%인 16억 5,000만 원~18억 8,000만 원 정도로 대출이 가능했다. 나는 17억 6,000만 원 정도를 대출받았고, 매입 시 실투자금액

은 6억 원 정도였다.

토지 평당 2,350만 원에 매수했지만 리모델링을 위한 대출을 받을 때에는 평당 4,000만 원의 감정평가 금액이 적용되어 필요금액 6억 원 중 4억 9,000만 원 정도의 추가대출이 가능했다. 리모델링을 하기 위해 대출을 받을 때 감정평가 금액이 충족된다면, 은행별로 공사금액의 최대 80~90%까지 대출이 가능하다.

리모델링에 필요한 6억 원 중 대출을 제외한 나머지 금액 1억 1,000만 원이 추가되어 총 실투자금액은 매수 시에 들어간 6억 원을 더해 7억 1,000만 원이 되었다. 여기에 중개수수료와 세금 등 기타비용을 포함한 실투자금액 총액은 8억 5,000만 원 정도였다.

다시 정리하면 총투자금은 31억 원 정도이고 그중 대출은 22억 5,000만 원 정도, 그리고 실투자금액은 8억 5,000만 원 정도다. 예상되는 임대수익은 주변시세 기준으로 보증금 3억 원에 월 1,800만 원 정도다. 그리고 한 달 이자는 710만 원 정도여서 수익률은 23.7% 정도다.

(연수익 2억 1,600만 원 - 연이자 8,520만 원 = 1억 3,080만 원) ÷ (매매가 31억 원(리모델링 비용 포함) - 보증금 3억 원 - 대출금 22억 5,000만 원 = 5억 5,000만 원) = 0.237 X 100 = 23.7%(수익률)

실 투자금액 8억 5,000만 원에서 보증금 3억 원이 들어왔으니 실 투자금액은 5억 5,000만 원이다. 그리고 이자를 뺀 월 순수익은

1,100만 원 정도다.

만약 6%까지 금리가 올라간다면 이자는 약 1,100만 원 정도여서 수익은 매달 700만 원으로 대출을 포함한 수익률은 15%로 줄어들 것이다. 건물의 매수가능성을 따지는 수익률의 기준을 필자는 대출을 포함했을 때 수익률 20% 정도로 본다. 여러 변수가 있을 수 있기에 이 정도의 수익률이 아니라면 건물의 가격이 내려갈 때까지 나는 기다린다. 여러 번 강조했지만 무엇보다 중요한 것은 가치 대비 싸게 매수하는 것이라는 점을 명심해야 한다.

리모델링을 시작할 때 주변에 낡고 오래된 건물이 많아 외벽에 약간의 변화를 주고 엘리베이터만 설치해도 경쟁력이 있다고 생각해 원래는 3억 원 이내로 투자하려고 했다. 만약 3억 원 정도만 투자하여 기본적으로 필요한 것만 공사하고, 운영자금으로 추가 대출을 받았다면 나도 거의 무피에 가까운 투자를 할 수 있었다.

건물 무피 투자에 대한 욕심이 생겼지만 결론적으로는 고급자재로 외벽 · 구조 · 내부 배관 · 전기 · 소방 · 화장실 전체 리모델링과 엘리베이터 공사에 총 6억 원 정도를 투자했다. 그 첫 번째 이유는 서울 안의 호재가 많고 발전가능성이 있는 더블 역세권이기에 장기적으로 투자가 필요하다고 생각했기 때문이었다. 두 번째 이유는 재개발 · 재건축이 완료되어 신규 대단지 아파트가 많아지면 병원의 수요가 늘어날 것이라고 예상했기 때문이었다. 이 지역의 건물들은 오래되고 면적이 작아 병원으로 활용할 수 있는 층별 전용면적이 50평 이상인 곳이 거의 없다. 그래서 이 건물이 향후 병원으로 임대하기에

유리할 것이라고 생각했고, 그에 맞추어 외관과 내부 인테리어를 고급스럽게 한 것이다.

　주변의 재개발과 재건축 사업이 완료되기 전까지는 임대가 쉽지 않아 임대료 조정도 필요할 수 있다. 하지만 3년 후 입주가 시작되면 3억 원을 추가 투자한 만큼 가치를 올렸기에 좋은 임차인을 선별하여 받을 수 있고 임대료 상승 등의 결과를 얻을 것이라고 본다. 임대수익률이 현재 시세로 23.7%라면 매매차익은 얼마 정도를 예상할수 있을까? 우선 이 지역의 최근 실거래를 보면 다음과 같다.

A지역 1: 2022년 4월 평당 2,310만 원

A지역 2: 2022년 8월 평당 4,500만 원

C지역 3: 2021년 11월 평당 5,780만 원

C지역 4: 2021년 11월 평당 4,900만 원

　주요소비지역이 있는 A지역이 B지역보다 임대료는 더 비싼 곳인데 거래는 왜 싸게 되었을까? A지역 두 건의 거래는 현재 철거가 진행 중인 재건축 부지 내에서 이루어진 것이었다. 2006년부터 해당 건물들을 상대로 조합의 매도청구소송이 진행 중이었고 소송이 시작된 시기에 따라 매도가격이 다르게 판결된 것이었다. 따라서 이 두 건의 거래를 제외하고 C지역에서 거래된 다른 두 건의 거래를 봐야 할 것이다. 평당 4,900만 원에 거래된 곳은 역출구에서 직선거리로 5분 거리, 5,780만 원에 거래된 곳은 역출구에서 직선거리로 1분 거리다. 내가 매입한 건물은 역에서 2분 거리에 있고 A지역의 주요소비지역내에서 리모델링까지 했기에 평당 5,500만원에 거래가 가능할 것이다.

　그렇다면 세금까지 계산한 세후 매매차익은 어떻게 될까? 좋은 물건을 사서 오래 보유하는 것은 부동산 투자의 기본이다. 지금처럼 화폐를 계속 찍어내는 자본주의의 흐름이 유지되어 부동산 우상향이라는 공식이 깨지지 않는다면 15년 후 100억 원 정도에는 충분히 매도할 수 있다고 본다. 2년을 보유하고 매매하는 것과 15년 장기보유를 하고 매매한 수익을 비교해 보면 다음과 같다.

보유 기간	매수금액 (리모델링 비용 포함)	매도금액	장기보유 특별공제	양도소득 금액	양도세 (세율 45%)	세후 수익
2년 보유와 15년 보유의 양도차익						
2년	31억 원	55억 원	0원	24억 원	11억 원	13억 원
15년	31억 원	100억 원	20억 원	50억 원	21억 5,000만 원	48억 5,000만 원

위 표에서 보듯이 보유기간에 따라 양도차익은 크게 달라진다. 이와 같은 결과가 생기는 이유는 장기보유특별공제 때문이다. 15년 동안 20억 원의 장기보유특별공제를 받는다면 이를 1년으로 환산하면 1억 3,300만 원이고 한 달이면 1,100만원의 수익이 생기는 셈이다. 다시 말하면 기존의 월세수익에 1,100만 원의 월 추가수익이 생기는 것이다.

월세	대출이자 (금리 5%)	월세 순수익	종합소득세 (35% 구간, 누진공제)	세후 순월세
15년간 평균 월세수익(1년 기준)				
2억 4,000만 원	1억 1,200만 원	1억 2,800만 원	2,900만 원	9,900만 원

월세수익을 계산하기 위해 15년간 월세를 정말 보수적으로 평균 2,000만 원으로 가정했다. 그리고 금리는 현재 3.8%이지만 올라갔

다 내려갔다 하는 것이 반복되는 것을 감안하여 평균 5%라고 예상해보았다. 이렇게 가정했을 때 위의 표에서 보듯 세후 순월세는 연간 9,900만 원이고 15년으로 계산했을 때는 14억 8,000만 원 정도다.

15년간 보유하여 생긴 세후 양도차익 48억 5,000만 원에 월세수익 14억 8,000만 원을 더하면 63억 원이 넘는다. 5억 5,000만 원의 투자로 15년 후에 63억 원을 만들 수 있는 다른 방법이 있다면 그것을 선택하겠지만 이것보다 안정적이고 더 좋은 투자처를 아직 찾지 못했다.

지속적인 관심과 공부가 필요

옛날 내가 어렸을 적 겨울에는 길가에 다 쓴 연탄들이 나와 있었다. 눈이 많이 오는 날 미끄럽지 않게 연탄재를 부셔서 길거리에 뿌렸다. 그리고 아이들은 연탄재로 눈을 굴려 눈사람을 만들었다

조그마한 눈뭉치를 굴리는 것보다 연탄재를 이용하면 훨씬 빠르게 눈사람을 만들 수 있었다. 이것처럼 공부에도 연탄재 같은 기본 몸통이 필요하다. 기본 몸통은 우연히 만나게 되는 좋은 강의나 강사가 될 수 있고, 좋은 책 몇 권이 될 수도 있다. 그 다음에는 눈밭에 눈을 굴려야 하듯이 지속적인 관심과 공부가 필요하다.

지속적으로 관심을 가지다 보면 성공한 이들의 성공사례를 볼 수 있다. 우리는 예술가가 아니고 투자자다. 우리가 성공한 이들을 따라

한다고 해서 표절을 하는 것이 아니다. 조금 먼저 성공한 사람들의 투자를 배우고 나만의 기술로 만들고 발전시키면 된다. 만약 지금 이 책을 읽는 시기가 부동산 활황기라면 어떻게 투자를 해야 할까? 그리고 침체기라면 어떻게 투자를 해야 할까? 답은 똑같다. 부동산의 가치를 제대로 파악할 수 있을 정도로 꾸준히 공부하고 지역을 분석하고 좋은 부동산이 나왔을 때 싸게 사는 것이다. 그리고 더 가치 있는 건물로 개발하는 것이다.

우리는 돈 벌기 좋은 시기에 살고 있다. 오래된 도시가 변화를 시작하기 때문이다. 변화 속에는 기회가 있다. 하루하루 묵묵히 눈덩이를 굴리다 보면 좋은 기회를 맞이할 수 있을 것이다.

PART 3

프랜차이즈 대표가
부동산 연결고리를 통해
투자에 성공한 노하우

by 라이언79

나만의
건물 찾는 법

빌딩의 본질적 가치는 임대

상업용 부동산의 최대가치는 공간활용을 통한 수익창출이다. 면적당 생산활동을 통한 수익성이 그 가치를 만들게 된다. 소비를 하는 고객이 많은 곳에 위치한 건물과 사람이 드문 곳에 위치한 건물의 임대료에는 많은 차이가 있다. 결국 입지가 좋은 곳에 있는 건물이 임대수익이 높기 때문에 건물의 가치도 높은 것이다. 임대의 3요소는 입지, 구조, 공간력으로 내용은 다음과 같다.

• 입지

구조와 공간력의 메리트가 다소 떨어져도 입지가 좋으면 꾸준한 임대가 이루어진다. 임대는 1회성이 아니다. 한번 가는 곳보다는 매일 가는 곳이 가치가 있다. 입지가 중요한 이유는 같은 1평이라도 입지에 따라 임차인의 생산성은 엄청나게 달라지기 때문이다(강남의 메인 상권의 1평과 양평 임야 1평의 땅에서 수익성은 다르다).

• 구조

업종별로 최대 수익을 낼 수 있는 최소 평수가 있다. 다양한 업종이 임차할 수 있는 구조가 중요하다.

• 공간력(인테리어, 디렉팅)

우리는 늘 쾌적하고 분위기 있는 공간을 원한다. 같은 입지라면 분위기가 좋은 곳으로 갈 수 밖에 없다. 결국 건물은 공간이고 얼마나 많은 사람이 유입되는가에 따라 그 가치를 측정할 수 있다.

입지 × 구조 × 공간력 = 모객 효과 = 가치상승

상권분석과 트렌드 변화

상권이란 일정한 지역을 중심으로 재화와 용역의 유통이 이루어지는 공간적 범위다. 상권의 성장단계를 보면 다음과 같다.

1단계 FnB 카페와 식당으로 시작(맛집, 핫플레이스, 카페거리)

2단계 패션과 문화 패션브랜드, 팝업스토어, 공연과 예술체험공간(홍대, 성수)

3단계 명품 플래그십 스토어 대표적인 예로 성수동 크리스찬 디올 플래그십스토어

상권을 분석할 때 지속 가능한 상권과 찾아가는 상권, 두 가지로 나눠볼 수 있다. '지속 가능한 상권'은 직장인들이 출퇴근하는 기업이 유입되는 곳으로 주5일 상권이라고 할 수 있다. 이곳의 경우 교통출근은 선택의 문제가 아니라 필수가 된다. '찾아가는 상권'은 문화와 예술, 패션, FnB, 공원(볼거리, 먹거리, 놀거리) 등의 기준이 충족되는 주말 상권이라고 할 수 있다. 이 두 가지 상권이 합쳐진 곳을 선택하면 주7일 상권이 가능해지고 임차인의 수익성은 올라가고 건물의 가치도 올라가게 된다. 또한 1차 소비에서 끝나는 게 아니고 2, 3차 소비가 이루어진다(쇼핑, 식사, 커피, 관람 등).

● 부동산 공간에 대한 인식 변화

부동산 공간에 대한 인식도 변화되고 있다. 저출산과 인구감소, 고령화, 1인 가구 증대, 소비와 주거, 교육문화의 변화, 업무 형태의 변화 등이 상가건물 시장에 영향을 주고 있다(공유경제의 발달). 공간과 부동산의 개념이 '소비'에서 '체험'과 '경험'을 위한 장소로 빠르게 변화하고 있다. SNS와 네비게이션 등의 기술 발달에 힘입어 입지적 한

계를 극복한 개발사례들도 늘어나고 있다.

따라서 건물도 브랜딩이 되고 있으며 오프라인으로 브랜드가 확장되고 있다. 한 번의 경험으로 잔상이 남아야 상품성을 갖추게 된다. 건물에 스토리를 입히고 브랜드이미지 전달도구로 사용하려는 움직임이 일어나고 있다.

● 3개 이상의 점

우리는 매일 목적을 향해 이동한다. 출근, 등교 등이 대표적이다. 첫 번째 점은 역이고 두 번째의 점은 회사나 학교다. 점의 의미는 사람이 모이는 곳이고 그곳에 머무는 사람의 규모에 따라 점의 힘은 커진다. 따라서 부동산 투자자라면 이 점들을 공부해야 한다. 점의 규모에 따라 도보로 이동하는 유동인구는 늘어날 것이며, 그 점과 점이 만나는 선에서 소비활동이 이루어지며 상권이 형성되는 것이다. 이것을 선이라고 하며 상권의 시작은 특정한 길에서 시작된다.

여기서 중요한 것은 또 다른 거대한 점의 출현이다. 그 지역에 백화점, 병원 또는 기업이 추가로 유치된다면 다음과 같이 점과 선, 면이 형성되고 상권이 활기를 띠게 된다. 도보로 이동이 가능해야 하며 그 거리는 0.5~1km 안에 들어와야 사람들의 이탈 없이 2차, 3차 소비가 이루어진다. 선과 선이 많이 겹치는 곳이 번화가가 되는 것이고 높은 임대료를 받을 수 있다.

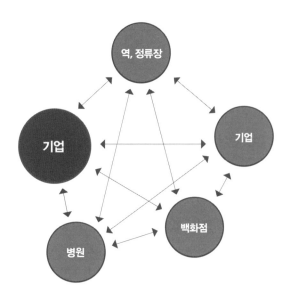

　나는 건물 매수를 위해 입지를 볼 때 새로운 거대 점의 출현 계획
과 그로 인하여 생기는 선의 길목에 집중한다. 또한 사람을 모을 수
있는 작은 점이 충족된 이후에도 니즈 파악과 수요 조사를 통해 공급
에 맞게 임차 구성 및 공간을 기획하고 사업성을 검토하여 진행한다.
내가 입지를 선택하는 포인트는 새로운 상권의 형성이다. 큰 틀을 짜
고 그 안에서의 주요 이동 동선을 파악해야 한다. 따라서 도로의 폭
이 중요하다. 또한 건물의 용도지역, 면적, 구조, 도로 접합면 등을 고
려하여 미래가치가 상승할 가능성이 있는 것을 찾는다. 그리고 내가
가장 잘하는 상권의 시작 '1단계 FnB' 나의 브랜드가 통할 수 있도록
기획한다.

청소 사업으로
종자돈을 마련하다

청년, 청소부가 되다

28살이 되던 해(2007년) 나는 서울의 한 패밀리 레스토랑에서 3년째 아르바이트를 하고 있었다. 하루 12시간씩 열심히 일을 했지만 가난한 나의 삶은 변한 것이 없었다. 하루 12시간씩 일하면서 받은 임금은 250만 원이 되지 않았다. 문득 '이렇게 열심히 살면 60세에 아파트를 살 수 있을까?', '만약 가족 중에 누가 아프다면 그것도 불가능하겠네!'라는 생각을 들었다.

나는 가방 끈이 짧아서 지금 바로 할 수 있는 것은 몸으로 때우는 노동밖에 없다는 것을 일찌감치 깨달았다. 내 인생을 책임져줄 사람은 오직 나밖에 없다는 것을 알아챘을 때 투잡을 하기로 결정했다.

그리고 바로 실천으로 옮겼다. 매장업무가 끝날 무렵이면 어김없이 청소를 하러 오시는 분들이 계셨다. "바로 이거구나!" 내가 잠을 줄이고 친구들과의 시간을 줄이면 충분히 할 수 있겠다는 생각을 했다. 낮에는 레스토랑 일을 하고 심야에는 청소를 하기 시작했다.

그렇게 나는 청년 청소부가 되었다. 그러던 중 매장에서 인정받아 매니저로 승진하게 되었다. 새벽에 하는 청소는 하루 네 시간이 소요되었고 단 하루의 휴무도 허용되지 않았지만 월 120만 원의 추가 수입이 생기게 되었다. 매니저로 승진하면서 급여는 170만 원이 되었다. 지금 생각하면 너무 적은 수입이었지만 나는 친구나 동료들보다 2배 정도의 수입을 얻게 되었다. 단 하루의 휴무도 없는 삶을 살았지만 그때 나는 너무나 가슴 벅찼고 하루하루 뿌듯했다. 모든 수입의 80%는 저축했다. 정말 필요한 곳이 아니라면 절대로 소비는 하지 않았다. 돈을 모으는 것이 세상에서 제일 행복했다.

청소 사업가가 되다

그렇게 모은 모든 수입은 펀드에 투자했다. 한참 펀드투자가 유행하던 시절 최고점에 1년간 모은 4,000만 원을 투자하게 되었다. 그리고 결과는 참담했다. 최고점인 줄도 모르고 묻지마 투자를 하는 실수를 저지르고야 말았다. 1년간 쪽잠을 자면서 16시간씩 고된 노동을 했던 나는 절망할 힘도 없었다. 손실은 무려 70%가 되었다. 빠르게 복구해야만 했다. 그렇게 나는 더 무식해지기로 결심했다.

"1 + 1 + 1 = 3이다"

나는 가장 확실한 방법으로 돈을 벌기로 했다. 바로 쓰리잡을 하기로 한 것이다. 너무 무식했지만 손실을 만회하기 위해서 내가 할 수 있던 유일한 해결책이었다. 몸은 더 고되고 잠은 더 줄었지만 오히려 정신은 더 맑아지고 꿈은 더 커가는 신기하고 오묘한 감정을 느끼던 시기였다.

그렇게 한참이 지난 어느 날 기회가 왔다. 다른 브랜드로 옮긴 선배가 "너 청소 사업해볼 생각 있냐?" 물어온 것이다. 그때 그 선배는 이름만 대면 다 아는 외식브랜드의 팀장이었다. 고민할 것도 없이 "네"라고 대답했으나 앞으로의 일들이 막막하기만 했다. 하나씩 부딪혀가면서 나는 청소 회사를 설립했고 그렇게 본격적으로 청소 사업이 시작되었다.

정직원은 없었으며 회사 퇴근 후 의정부시 금오동, 강남구 삼성동에 위치한 2개의 매장을 맡아 청소를 하기 시작했다. 그리고 청소가 끝나면 기존에 일하던 청소 알바도 하러 갔다. 하루에 4가지 일을 하게 된 것이었다. 그때 내 나이 30살이었다. 그때 나는 차가 없어서 심야버스를 타고 차가 끊기면 뛰어다녔다. 이 삶을 무려 3년이나 이어갔다.

새로운 도전을 하다

이제 나는 더 이상 회사를 다닐 수가 없었다. 육체적으로 힘든 점은 없었으나 청소 사업이 커져 더 이상 회사를 다닐 수가 없었다. 빠른 속도로 사업은 성장했으며 연 매출 1억 원이 되었다. 회사는 법인으로 전환되었으며 정직원은 10명, 현장 근로자는 50명이 넘었다. 또한 연 단위 계약한 거래처는 80곳이 넘었다. 이렇게 계속 2019년까지 큰 문제없이 성장해갔다. 그리고 나는 내 인생 최고의 시절에 도전을 하기로 결심했다. 바로 예전부터 하고 싶었던 외식사업을 시작한 것이다. '1 + 1 + 1 = 3이다'라는 생각에서 완전히 벗어났다. 사업은 더하기의 개념이 아니고 곱하기의 개념이라는 것을 깨달았다.

'다시는 가난해지지 않겠다.'

다시는 가난해지고 싶지 않았다. 그러기 위해서는 현실에 안주하지 않고 새로운 사업을 해야만 했다. 그렇게 외식 프랜차이즈 사업에 뛰어들었고 2017년 멕시칸 요리 브랜드인 트라타를 런칭하게 되었다. 내가 오픈한 가게는 다행히도 장사가 무척 잘 되었다. 가게는 서울시 성북구 안암동 골목에 위치하고 있었고 초기 투자비용을 줄이기 위해 A급 상권이 아닌 B급 상권만 찾아다닌 결과였다. 그 대신 합리적인 가격에 맛과 퀄리티는 최상으로 제공하자는 전략이 통했다.

시간이 지나 골목에 하나씩 새로운 매장들이 생겼고 골목을 찾는 사람들은 늘어만 갔다. 그렇게 내 눈으로 상권이 형성되어 가는 것을 목격한다. 집 주인들은 하나 둘씩 임대료를 올리기 시작했다. 그 모습을 보고 있자니 이상하다는 생각이 들었다. 새로 들어오는 임차인들이 자기 돈을 써가며 예쁘고 고급지게 인테리어를 하고 비싼 간판을 설치하면서 건물주들의 건물가치만 올려주고 있었던 것이다. 그걸 깨닫자 건물주가 되어야겠다는 결심을 한다.

종자돈을 마련하다

나는 투자 없이 근로소득과 사업소득으로 종잣돈을 마련했다. 위에서 언급한 바와 같이 2008년부터 투잡, 쓰리잡을 하면서 수입의 70%를 저축했다. 당시 특판 적금으로 가입기간 3년 7%의 금리상품 2개에 가입하여 만기에 1억 원의 종자돈을 모으게 되었다. 그 이후 사업은 계속 성장해서 2018년까지 7억 원을 저축할 수 있었다. 그리고 살고 있는 집의 보증금 1억 원을 빼서 월세로 옮기고 과감히 건물에 투자하게 되었다.

저축으로만 큰돈을 모은 나에게 사람들은 대단하다고 했지만 돌이켜보면 참 어리석고 무식했다는 생각이 든다. 비교적 어린 나이에 사업을 하면서 많은 수입이 생기다 보니 투자에 대해 자만했고 등한시하게 된 것 같다. 요즘은 자기 분야에서 나름 성공을 거두고 많은 수입을 얻고 있는 젊은이들을 만나다 보면 투자에 관심이 없거나 미루는 경향을 볼 수 있는데, 예전의 내 모습을 보는 것 같아 안타깝기만 하다. 큰 부자가 되고 싶다면 투자는 불가피하다는 말을 해주고 싶다. 투자 없이는 부를 축적하는 데 한계가 있다는 것을 꼭 알려주고 싶다. 아마 나 역시 더 빨리 투자에 관심을 가졌다면 지금보다도 더 큰 자산을 이루었을 것이다.

가끔 부동산 커뮤니티와 모임에서 상당히 젊은 20대 초 중반 친구들과 이야기를 나누다 보면 비록 지금 가진 것은 적으나 5년 뒤 10년 뒤 얼마나 성장해 있을까 기대하게 된다. 과거로 돌아간다면 좀 더 빨리 신성한 근로소득과 사업소득 그리고 투자에 관한 공부와 실천을 함께하고 싶다.

나는 건물주가
되기로 했다

6억 원으로 중랑구 20억 원 건물을 매수

2019년 그 당시 나는 자양동 건물에 월 600만 원(부가세별도)의 임대료를 내고 영업을 하고 있었다. 건물을 알아보다 보니 그 당시 나에게는 참으로 충격이었다. 월 600만 원이라는 금액은 금리 3%(당시 이율 높은 곳 기준)로 약 25억을 빌렸을 때 매달 이자로 나가는 금액이다. 그 600만 원을 월세로 내는 대신 건물을 사는 데 활용한다면 더 이익이라는 뜻이다. 법인으로 건물을 매수한다면 감정가의 80% 대출이 가능하다. 그러니까 약 31억 원의 건물을 매수한다면 25억 대출이 가능하다는 것이다. 제반 비용으로는 취득세 4.6%, 중개수수료 0.9%(최대 수수료, 협의가능) 약 1억 7,000만 원의 비용이 발생한다.

2019년에 매입한 중랑구 건물의 리모델링 전후

매가 31억 원 + 1.7억 원(취득세, 중개료) − 대출 25억 원 = 7.7억 원의 자기 자본이 필요하다는 결론이 나왔다. 그러나 내가 보유한 자본은 6억 원이기에 현실적으로 가능한 20~25억 원의 매물을 찾아야 했다. 그리고 6개월간 매물을 알아본 끝에 적당한 건물을 만나게 되었다.

　6개월간의 매물을 찾는 고된 시간이 지나고 2019년 8월 드디어 나는 중랑구 사가정역 인근에 있는 건물을 계약하게 되었다. 서울에 있는 20~30억대의 매물은 80% 정도는 알 수 있을 정도로 매일 검색하고 임장하러 다녔다. 마음에 드는 물건은 대출이 안 나오거나 매도자가 앉은 자리에서 1~2억 원씩 올렸다. 그렇게 6개월의 시간이 지나고 지쳐갈 무렵 위 사진의 건물이 내 눈에 들어왔다. 초역세권에 위치하고 나름 상권도 형성되어 있는 준주거 매물이 좋은 가격에 나와 있었다. 이유를 알아보니 상가주택이라 다주택자 규제로 인해 사람들이 매수를 꺼렸던 것이다. 나는 바로 중개법인에 의뢰했으나 중개법인에서는 대출이 나오지 않아 매수가 어렵다고 했다. 그래도 나는 포기하지 않고 중개법인 대표로 있는 선배에게 매수를 의뢰했고 대출 관련해서 은행에 근무하는 후배에게 상담을 받았다.

그리고 결국 방법을 찾았다. 상가주택의 경우 전체 연면적에서 상가 부분이 차지하는 비율이 50% 이상이면 상가 건물로 보아 대출이 80% 가능하다는 것이었다. 당시 이 건물은 지하층을 상업용으로 사용하고 있어 전체 연면적의 51%는 상업용, 49%는 주거용이었다. 그러나 또 하나 '방 공제'라는 문제가 있었다. 이 부분은 신탁을 통해 대출을 받으면 '방 공제'가 면제되는 것을 알게 되었다. 중개사마저 매수가 안 된다는 건물을 나는 포기하지 않고 얻어냈다.

내가 활용한 부동산 신탁등기란 신탁사(수탁자)를 끼고 담보대출을 진행하는 경우다. 그러므로 수탁자는 등기 권리자가 되고 위탁자는 등기 위무자가 되는 것이다. 레버리지를 극대화할 때 주로 사용되는 방법이다.

부동산 신탁등기의 장단점

장점

1. 대출이 많이 나온다.
2. 대출조건이 비교적 까다롭지 않다.

3. 임대사업자, 다주택자들에게 유리하다.

4. 신탁 체결 이후 강제집행이 불가능하다.

단점

1. 금리가 비교적 높다.

2. 신탁자와 위탁자가 등기에 함께 등재되어 임대차 시 번거로움 이 있다.

나에게는 설립 5년이 넘은 법인이 있었다. 그래서 부동산 취득 시 취득세 중과를 면할 수 있었으나 당시 법이 개정되어 주택 부분은 3배 중과되어 취득세를 납부했다.

매가 20억 원 + 취득세 및 중개비용 2억 원 - 임대보증금 1억 원 및 대출 15억 원 = 6억 자본금

2019년 8월 드디어 6억 원의 자본금으로 20억 원의 건물을 매수 했다. 당시 금리는 3%, 6개월 변동 30년 만기로 15억 원의 대출을 받았다. 1층은 잔금과 동시에 명도하는 조건이었으며 바로 인테리어 공사를 진행했다. 공사는 1개월 정도 소요되었다.

임차현황은 보증금 1억 원에 월세 560만 원이었고 대출이자는 월 380만 원이었다. 6억 원을 투자해서 월 180만 원의 수익을 올렸다. 그리고 여기에는 나만의 무기가 숨어 있었다. 1층에는 나의 브랜드인

'샐러드로우 앤 트라타'를 입점시켰다. 아주 감사하게도 3개월 만에 우리는 완전히 자리를 잡게 되었으며 이곳에서의 성공을 통해 2021년에 20개가 넘는 가맹점을 유치할 수 있게 되었다. 현재 이 건물의 시세는 15억 원 이상 올랐고 최근 감정가는 11억 원이 올랐다. 부족한 자본이었지만 운 좋게 좋은 곳을 매수했던 것이다.

첫 번째 건물,
자가 운영의 장점 살리기

임대수익보다는 운영수익에 초점

나의 첫 번째 건물의 수익률은 좋지 않았다. 6억 원을 투자하여 월 560만 원의 임대수익이 있었지만 이자 380만 원을 빼면 실제 수익은 월 180만 원이었다. 그러나 나는 처음부터 1층에서 직접 영업을 하여 임대수익보단 운영수익에 초점을 맞추려했다. 내 건물에서 내가 직접 영업을 하여 '임대료 + 영업수익'을 극대화하려는 의도였다.

아래 손익 계산서를 참고해보면 영업수익은 약 1,070만 원이며 평균 월 1,000만 원의 수익이 나고 있다. 보통 대부분의 사람들은 건물을 매수할 때 임대수익률을 가장 많이 고려한다. 하지만 본인이 직접 운영할 수 있는 사람이라면 이 경우 엄청난 수익을 올릴 수 있다. 앞

목표1			현재상황		
10월 예상목표1			**현재 상황**		
매출(Sales)	100.0%	51,192,150	매출(Sales)	100.0%	49,581,050
홀	30.2%	15,460,029	홀	30.2%	14,995,050
배민원1	24.2%	12,388,500	배민원1	24.2%	12,014,300
배민라이더	25.6%	13,105,190	배민	25.6%	12,702,400
쿠팡이츠	19.3%	9,880,085	쿠팡이츠	19.3%	9,568,400
요기요	0.6%	300,900	요기요	0.6%	300,900
지재료비	29.6%	15,151,625	지재료비	29.9%	14,801,805
인건비	22.1%	11,293,144	인건비	21.8%	10,798,514
순수연간비관리	0.0%		순수연간비관리	0.0%	
법정비용관리	0.0%	-	법정비용관리	0.0%	-
직원복지비용관리	0.0%		직원복지비용관리	0.0%	
Gross Profit	48.3%	24,747,381	**Gross Profit**	48.4%	23,980,731
일반경비	20.2%	10,352,800	일반경비	20.0%	9,897,626
공과금	2.0%	1,000,000	공과금	2.0%	1,000,000
정수기렌탈비	0.1%	29,000	정수기렌탈비	0.1%	29,000
기물구입비	0.0%		기물구입비	0.0%	
광고비	0.5%	264,000	광고비	0.0%	264,000
쿠팡수수료	32.2%	3,181,387	쿠팡수수료	32.2%	3,081,659
배민수수료	29.9%	3,704,162	배민수수료	29.9%	3,597,967
통신비	0.0%	25,000	통신비	0.1%	25,000
배달대행비	16.4%	2,149,251	배달대행비	16.4%	1,900,000
GOP	28.1%	14,394,580	**GOP**	28.4%	14,083,105
임대료 및 관리비	6.4%	3,300,000	임대료 및 관리비	6.4%	3,950,000
로열티		385,000	로열티		385,000
Outlet P&L	20.9%	10,709,580	**Outlet P&L**	19.7%	9,748,105
	0.0%		간접비	0.0%	
	0.0%		본부비	0.0%	
	0.0%		이자비용	0.0%	
Trater P & L (B.T.)	20.9%	10,709,580	**Trater P & L (B.T.)**	19.7%	9,748,105
준비율	71.9%	36,797,570	준비율	71.6%	35,497,945

2021년 사가정점 부가가치세 표준증명원 약 7억 원 매출 발생

서 얘기했던 것처럼 임차인들이 자기 돈을 써가며 예쁘고 고급지게 인
테리어를 하고 비싼 간판을 설치하면서 건물가치만 올려주고 결국 건
물주가 임대료를 올려 기존의 임차인을 내쫓는 악순환을 생각하면 내
건물에서 내가 직접 운영하여 운영수익을 올리는 일도 투자의 하나다.

정리하자면 나의 건물의 수익률은 총투자비용 6억 원 대비, '임대
수익 월 560만 원 + 1층 점포운영수익 1,000만 원 - 이자비용 380만
원 = 총 1,180만 원'이다. 무려 23% 이상의 수익을 창출한 것이다.

(6억 원의 자본금으로 20억 원의 건물을 매수하여)

- 월 임대수익 + 운영수익 = 약 1,200만 원
- 월 1,200만 원 × 12개월 = 연 14,400만 원의 수익 발생

- 현재 건물 감정가 32억 원
- 매매 호가 36억 원

아직 미실현 이익이지만 2년 만에 시세차익 16억 원 + 수익 2억 9,000만 원 = 약 19억 원의 투자 수익을 올릴 수 있다. 법인소유 건물이라 세금은 약 20% 발생한다. 양도차액 13억 원의 20%인 2억 6,000만 원을 제외하더라도 약 16억 6,000만 원의 시세차익이 발생했다.

나만의 건물 투자 포인트

• 공시지가가 매가의 90% 이상 근접하는 건물을 산다

서울시 토지는 매년 공시지가를 5~10% 인상했다. 시세에 맞게 산다면 가만히 있어도 연 5~10%가 오른다는 것이다. 또한 대출은 감정가 기준으로 나오기 때문에 레버리지를 최대로 이용할 수 있다. 건물 투자에서는 땅을 잘 사는 것이 1번으로 가장 중요하다.

• 기본에 충실한 건물을 산다

땅의 용도와 역과의 거리 도로접면 상권의 형성 등을 고려하여 매수한다. 땅은 용도에 따라 건폐율, 용적률이 다르다. 즉 활용할 수 있는 면적이 다르다는 것이다. 이 부분은 반드시 인지해야 한다.

다음으로는 역과의 거리, 상권의 형성을 체크해야 한다. 바로 입지

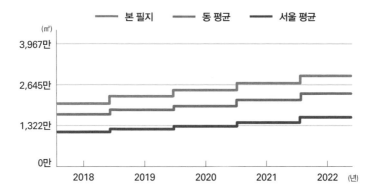

공시지가 추이

― 본 필지 ― 동 평균 ― 서울 평균

(㎡)

기준년월	공시지가
2018년 1월	20,426,449원 / 평
2019년 1월	22,790,082원 / 평
2020년 1월	24,730,578원 / 평
2021년 1월	27,057,851원 / 평
2022년 1월	29,484,297원 / 평

자료: 랜드북

를 보아야 한다는 것이다. 역과의 거리는 교통의 편리함뿐 아니라 주차 부족의 한계를 극복하게 해준다. 나는 상권을 볼 때 2층, 3층의 공실을 반드시 체크한다. 2층, 3층의 공실이 없다는 것은 그만큼 좋은 상권이라는 것이다.

• 건물의 내면을 보고 투자의 방향을 정한다

건물을 살 때는 반드시 등기부등본, 건축물대장, 토지이용계획원을 확인해야 한다.

용도지역의 분류				
용도지역	용도지역의 세분		건폐율(시행령)	용적률(시행령)
도시지역	주거지역	제1종 전용주거지역	50	50~100
		제2종 전용주거지역	50	100~150
		제1종 일반주거지역	60	100~200
		제2종 일반주거지역	60	150~250
		제3종 일반주거지역	50	200~300
		준주거지역	70	200~500
	상업지역	중심상업지역	90	400~1,500
		일반상업지역	80	300~1,300
		근린상업지역	70	200~900
		유통상업지역	80	200~1,100
	공업지역	전용공업지역	70	150~300
		일반공업지역	70	200~350
		준공업지역	70	200~400
	녹지지역	보전녹지지역	20	50~80
		생산녹지지역	20	50~100
		자연녹지지역	20	50~100
관리지역	보전관리지역		20	50~80
	생산관리지역		20	50~80
	계획관리지역		40	50~100
농경지역			20	50~80
자연환경보전지역			40	50~80

건폐율, 용적률이 남는 경우는 신축을 통해 수익을 극대화한다. 이때 신축 가설계를 통해 수익성 분석을 하는데 설계비, 공사비, 금융

비용 등을 고려해서 신축의 타당성을 판단한 후 진행한다. 추후 완공 후 이익이 신축비용보다 크지 않을 경우 굳이 신축을 할 타당성이 없다는 것이다.

건폐율과 용적률이 초과된 경우는 리모델링을 통해 수익을 극대화한다. 80년대 후반 새로운 건축법이 생기면서 기존에 건폐율과 용적률이 초과된 건물들은 오히려 신축 시 연면적이 줄어들어 손해를 볼 수 있다. 이때는 신축보다는 리모델링을 통해 수익을 극대화하는 것을 추천한다. 리모델링을 통한 수익을 고려할 때 역시 가설계를 통한 투자의 타당성을 확인해보아야 한다.

● 임대료 수익률을 극대화할 수 있는 건물을 찾는다

가끔 중개법인들의 물건을 보면 각층에 1명의 임차인을 받을 수 있는 2층 건물 또는 3층 건물을 보여주면서 리모델링을 통해 수익률을 개선할 수 있다고 한다. 그러나 그 지역 시세가 있는데 어떻게 드라마틱한 수익률을 낼 수 있겠는가? 따라서 나만의 기준을 가지고 건물을 본다.

나는 전면이 좁아 각층에 1명의 임차인만 받을 수 있는 건물이라면 4층 이상 엘리베이터 설치가 가능한 건물만 본다. 그리고 이왕이면 전면이 넓어 많은 임차인을 넣을 수 있는 건물 위주로 본다. 이때 전면은 넓으나 폭이 너무 좁은 건물은 피한다. 임대인이면서 오랫동안 임차인이었던 나는 지난 10년간 수백 개의 상가를 보았으며 수십 개의 상가를 계약했다. 최소 10평이 되지 않으면 임차인이 들어올 확

많은 임차인을 유치해 수익률을 500% 이상 개선한 사례의 리모델링 전후

률은 적어진다. 그래서 폭이 너무 좁은 건물은 2개 호실을 터야 한다. 그러니 1층에 상가를 많이 넣을 수가 없다.

실제로 나의 첫 번째 건물은 각층에 1개 호실밖에 없어서 드라마틱한 수익률 개선이 어려웠다. 다만 역세권 광대한 면에 접한 상가주택이기에 추후 용도변경을 통해 드라마틱한 수익률을 증명할 예정이다.

• 경기침체 속에서도 꾸준히 영업할 수 있는 임차인 유치가 가능한 건물을 구한다

경기침체가 와도 밥은 먹는다. 저가커피도 마실 것이다. 생필품 또한 그렇다. 이러한 점을 고려하여 지역을 선택한다. 나는 사업가다. 무에서 유를 창조해야 하고 혁신과 창의성이 없으면 살아남지 못한다. 건물도 가공되어야 한다. 남들과 같은 뻔한 방법으로는 높은 수익을 얻을 수 없다. 건물을 고작 한 개 매수했을 뿐인데 시야가 너무 넓어졌다. 아마 수년간 건물을 갖고 싶어 공부했고 마음에 드는 건물을 찾기 위해 노력한 시간이 만들어준 선물이 아닐까 생각한다. 내가 생각하는 건물 투자는 이렇다.

1. 건물은 장기보유의 개념으로 봐야 한다

최근 몇년처럼 유동성 확대로 인한 비정상적인 상승은 기대하기 어렵다. 미래의 가치를 보는 안목이 중요하다.

2. 높은 수익률을 원한다면 임차인의 입장에서 건물을 봐야 한다

내가 원하는 임대료와 임차인이 원하는 임대료가 일치해야 한다. 유동인구, 주변시세. 업종별매출을 분석해보고 '영업을 하면 이윤이 얼마가 되겠구나'를 고민해봐야 한다. 이때 소유자의 관리가 부실해 어떤 건물이 주변시세보다 낮은 임차료를 받고 있거나, 3층 이상의 건물에 엘리베이터가 없는 경우는 명도와 리모델링을 통해 수익률을 개선할 수 있다.

3. 건물만 보지 말고 상권을 봐야 한다

지도를 펴서 멀리보면서 가까운 쪽으로 들어가길 바란다. 인구가 밀집되는 기업, 주거, 상업시설, 역의 위치를 중심으로 유동인구라고 할 수 있는 점들의 이동 동선들이 만나 면을 만들고 그 안에 필요한 요소들이 생기면서 상권을 형성하게 된다.

4. 도로는 건물의 가치를 좌지우지하는 중요한 요소다

폭과 동선, 유동인구를 파악해야 한다.

5. 내가 좋아하는 것이 모든 사람이 좋아할 만한 것이라는 점을 명심하라

그래야 추후 엑시트할 때 받아줄 사람이 있다.

6. 100% 만족하는 물건은 없다

체크리스트를 만들고 70점 이상이면 나머지 30점은 채우면 된다. 공실이 장기간 지속되고 임차인이 자주 바뀐다면 반드시 이유를 찾아야 한다.

두 번째 건물,
나는 디벨로퍼가 되기로 했다

대지 126평 성북구 역세권 대로변
50억 원 건물

2022년 4월 나는 두 번째 건물을 동업하는 7명의 대표들과 함께 공동투자하여 매수했다. 대지 126평 성북구 역세권 대로변에 위치한 50억 원의 건물을 추가로 매수한 것이다. 첫 번째 건물 투자의 좋은 경험은 판단의 정확도와 실행의 속도를 높여 주었다.

이 매물은 상속받은 건물이며 소유자가 3명인 건물이다. 대로변 2종일반주거지역 건물로 기존 소유자들은 빠르게 정리하기를 원했다. 이 건물은 장기간 임대료 인상이 없었으며 건물 외관도 관리가 잘 되지 않은 상태였다.

두 번째 매수한 건물 모습

매가는 47억 원, 대지 126평(평당 약 3,700만 원)이다. 그 지역에서 최근 가장 저렴하게 매수했으며 감정가는 매매가 이상이었다.

자기 자본 10억 원 + 취등록세, 중개수수료 3억 원 + 대출 34억 원 = 47억 원

총 13억 원의 초기 자기 자본과 리모델링 비용 5억 원을 감안하면 총사업비는 18억 원으로 예상된다. 신규법인을 설립하여 매수했으며 매도인 명도조건으로 2023년 5월 잔금을 치른다.

건물의 장점을 극대화하는 방법

● 수요의 예측과 창출

나는 이 건물을 사기 전 카카오톡 건물주 모임 단톡방에 의견을 구했다. 결과는 한 명도 찬성하지 않았다. 이유는 다양했다. "내가 그 동네 출신인데 상권이 안 좋다", "다들 안암역과 성신여대 역으로 나가서 소비한다", 건물을 사려면 "강남, 신사, 한남, 마포, 용산, 성동구 물건을 사야 한다" 등 사지 말아야 하는 이유를 찾았다.

나는 반대로 생각해봤다. 이곳은 동덕여대가 바로 뒤에 있고 양 옆으로 300m 안에 지하철역이 두 곳이나 있다. 또한 1,000세대 아파트가 2개나 있고 조금만 더 올라가면 장위 뉴타운이 있으며 지금도 여러 대단지가 공사 중에 있다. 이곳은 배후수요가 부족한 것이 아니라 사람들이 오고 싶어 하는 곳이지만 테넌트(세입자)의 공급이 부족하다고 판단하고 확인에 들어갔다. 나는 배달의 민족 데이터를 매일 분석하는 사람이다. 배달의 민족 플랫폼을 이용하여 브랜드의 매출 분석해보면 다음 사진과 같이 오히려 역삼점보다 동덕여대점의 판매량이 많은 것을 확인할 수 있다. 이 정도의 판매량이면 월 1억 원 이상의 매출이 발생한다고 예측된다.

그리고 몇 개의 프랜차이즈를 같은 방식으로 비교해보았다. 비교 결과 과거 안 좋은 상권의 인식에 갇혀 좋은 테넌트가 입점을 꺼리고 있다는 생각이 들었다. 나는 감이 아닌 통계를 확인하여 상권을 결정한다. 지금은 정보가 넘쳐나는 세상이다. 프롭테크(부동산 자산$_{property}$과

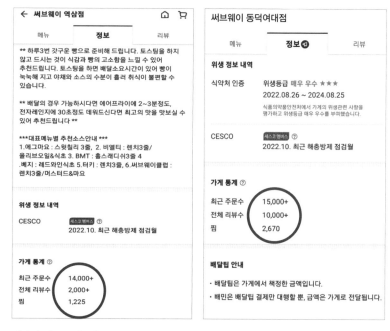

배달의 민족 플랫폼을 통한 역삼점과 동덕여대점 브랜드 매출 비교

기술technology의 합성어다. 인공지능AI, 빅데이터, 블록체인 등 첨단 정보기술IT을 결합한 부동산 서비스를 말함)를 최대한 활용하여 정보를 분석하고 나의 브랜드가 성공할 수 있는지를 파악해야 한다. 다음 사진은 '네모'에서 제공하는 매장 매출 추정치다.

　해당 방문자의 카드매출은 2022년 9월 약 4,000만 원이며 배달매출은 6,000만 원 이상일 것으로 추정된다. 보수적으로 월 1억 원 이상의 매출이 발생할 것으로 예측된다. 나는 이곳에서 수요를 창출하기로 했다. 그리고 바로 계약을 하게 되었다.

'네모'에서 제공하는 매장 매출 추정치

● 수요 창출을 위한 트렌드

폭발적인 수요를 창출하기 위해서는 강력한 테넌트가 필요하다. 현재 대한민국의 트렌드는 '평균실종'이다. 양극화, N극화의 심화로 평균을 내는 것은 무의미에 가깝다. '공간력'이라는 신조어처럼 사람들은 신선한 공간이 주는 힘에 점점 매력을 느끼고 찾아가게 된다. '뉴맨디드'는 사지 않고는 오지 않고는 배길 수 없는 대체 불가능한 상품과 공간을 개발해 새로운 수요를 창출하는 것을 말한다. 대한민국의 트렌드를 이끄는 사람들은 20, 30대다. 나는 이들을 타깃으로 하는 FnB_{Food and Beverage}(식품과 음료에 관련된 사업을 하는 회사)와 공간을 만들기로 했다.

● 임대수익을 넘는 운영수익

지금은 갑작스러운 고금리의 시대가 되었다. 불과 얼마 전까지 저금리는 영원할 것 같았다. 시장의 유동성은 최대치가 되었고 사람들은 저금리를 이용하여 레버리지를 풀로 사용했다. 그러면서 건물값은 폭발적으로 상승했고 반면에 임대료는 동반상승할 수 없었다. 수익률이 계속해서 하락하게 되었으며 갑작스러운 금리의 고공행진으로 인해 마이너스 수익률이 넘쳐났다.

또한 공사비의 과도한 상승과 PF대출규제로 인해 많은 건물주들은 진퇴양난에 빠졌다. 이제는 건물이라는 공간을 가공해야 되는 시대가 왔다고 생각한다. 그것은 바로 임차인과의 협업을 통한 운영수익이다.

경기도 안성에 위치하는 뮤지컬 배우와 무대설치 미술전문가 부부의 '무대 베이커리 카페'
본인들이 직접 공간을 기획하고 공간을 창조했다. 일명 '저승사자 카페'라고 불리는 이곳은 신선한 공간과 스토리가 있는 파격적인 콘셉트로 월 매출 2억 원 이상도 나온다고 한다.

파주의 더티 트렁크

다들 인스타에서 한 번은 보았을 것이다. 이곳은 CIC F&B 김왕길 대표가 기획하고 공간과 인테리어 비용은 건물주가 부담했다. 월 매출은 7억 원으로 6개월 만에 이미 투자금은 회수되었다고 한다. 이제는 공간을 획기적으로 활용하고 가공해야 하는 시대인 것이다.

● 고금리 시대의 건물 투자 전략(공유경제)

투자의 규모가 클 경우 일반 건물주들은 선뜻 시도하지 못한다. 그러나 갑작스러운 고금리와 불경기 속에서 과감한 투자를 시도하는 건물주들이 생기기 시작했다. 나 역시 나의 건물을 100% 활용함으로써 건물의 수익을 극대화시키려고 한다. 운영을 통한 수익뿐 아니라 공간을 대여하고 쉐어하는 사업을 하려고 한다. 새롭게 시작하는 1인 사업자들이 넘쳐나는 현 시점에서 사무실은 활용성이 떨어진다. 나는 나의 건물 3층에 공유오피스를 만들 것이고 지하에는 메뉴 교육과 연구를 할 수 있는 TK시설을 만들 것이다.

내가 활용하지 않는 시간에는 교육자에게 대여하여 수강생을 교육할 수 있는 대여공간을 만들 것이다. 공유오피스와 공유공간 대여로 기존 공간의 3배가 되는 수익률을 올릴 것으로 예상한다.

● 임차인과의 협업이 아닌 자가운영

한동안 스타벅스를 임차인으로 가진 건물주는 모두의 로망이었다. 그러나 수수료율 하락과 장기 임대 후 새로운 임차인을 구하기가 어렵다는 것을 경험한 사람들에게 스타벅스는 더 이상 매력적으로 느껴지지 않는다. 그리고 유명한 디렉터의 브랜딩과 위탁운영은 주객이 전도되는 양상을 보여주었다. 공간과 인테리어 비용에 대한 건물주 부담, 운영수익의 불확실성, 계약 이후 자가운영의 어려움 등이 문제점으로 나타났다. 건물을 사서 더 힘든 시간을 보낼 수도 있는 것이다. 아마 앞으로 많은 건물주들이 겪을 문제들이다.

그래서 요즘은 유명한 쉐프와 바리스타들이 건물을 직접 매수하여 운영하고 있으며 그러한 시도를 하고 있다. 매장을 운영하면서 수익이 너무 좋아 건물주가 되는 것에는 관심도 없었는데 자신이 살려놓은 건물에서 계속 쫓겨나기를 반복하면서 나를 찾아와 상담을 받는 이들이 늘어났다. 나 또한 그런 이유로 더 이상 남의 건물에서 매장을 오픈하지 않기로 다짐했으며 건물주가 되어 모든 것을 나에게 맞추었다. 다음은 현재 명도 진행 중인 두 번째 매수한 건물의 리모델링 전후 임차구성 내용이다. 전부 직접 운영할 예정이다.

리모델링 전 보증금 1억 5,000만 원, 월세 600만 원

리모델링 후 보증금 3억 원, 월세 2,400만 원 예상

● **리모델링 후 예상 임차구성 내용**

지하1층 메뉴교육장 및 실습실대여 보증금 5,000만 원/400만 원

1층 샐러드 전문점 보증금 5,000만 원/400만 원

1층 베이커리카페 보증금 8,000만 원/600만 원

2층 멕시코 식당 보증금 4,000만 원/300만 원

2층 펍앤바 보증금 5,000만 원/400만 원

3층 사무실 보증금 3,000만 원/300만 원(증축 예정)

이러한 임대구성을 할 수 있는 이유는 건물을 자가운영할 수 있기 때문이다. 이러한 임대구성은 RTI~Rent To Interest~(임대업이자상환비율)*를 높일 수 있어 대출을 받는 데도 유리하다.

(매가 47억 + 취등록세 및 중개비 2.6억 원 + 리모델링 5억 원 = 54.6억 원) - 대출(80%) 37.6억 원 = 자기 자본금 17억

투자목표 임대수익 연 2억 8,400만 원(월 2,400만 원) + 직접 운영 6개 공간 운영수익 연 3억 6,000만 원 (월 3,000만 원) = 연 6억 4,400만 원

연간 총 수익은 6억 4,400만 원에 대출이자 2억 2,500만 원(6% 가정)을 빼면 4억 1,900만 원이다. 여기에 자기 자본 17억 원을 대입하면 수익률은 약 24.6% 이다. 3년 뒤 엑시트가 목표이며 건물목표 가치 80억 원이다. 이는 인근유사 건물의 시세와 수익률을 적용했다. 시세차익 33억 원에 운영수익 12.5억 원을 더한 42억 원 정도의 수익(리모델링, 세금제외)이 최종목표다.

- **RTI** 부동산임대업 이자상환비율로서 담보가치 외에 임대수익으로 어느 정도까지 이자상환이 가능한 지 산정하는 지표. 산출 방식은 '(상가가치×임대수익률)÷(대출금×이자율)'이다.

흙수저도 건물을
살 수 있다

앞으로 나는 계속해서 공간을 구성하고 수요를 창출하는 FnB 디벨로퍼 사업을 키울 것이다. 건물을 사고 그 가치를 높이는 것은 말처럼 쉽지 않다. 단순한 개발을 통한 수익률 극대화는 고금리 고물가 시대에서 활용하기 어렵다. 아니 어쩌면 한동안은 불가능에 가깝다고 할 수 있다.

끊임없는 고뇌와 시도의 끝은 혁신이라고 생각한다. 그리고 그러한 혁신적인 상품과 공간은 건물 투자의 대세가 될 것이다. 나는 이 책을 쓰면서 나와 같이 FnB사업을 하는 사람들에게 정보를 주고 싶었다. 그리고 무엇보다 흙수저도 충분히 건물주가 될 수 있다고 말해주고 싶다. 지금은 관심만 있으면 얼마든지 지식을 얻을 수 있는 시대다. 건물 투자는 더 이상 폐쇄적이지 않다. 나의 꿈은 늘 성공이었으며 건물주가 되는 것이었다.

건물주가 되기 위해 나는 매 순간 자수성가한 사람들의 삶을 간접적으로 찾아보았다. 책을 읽고 인터넷을 검색하고 나큐 프로그램도 챙겨 보았다. 자수성가형 부자의 특징은 남의 일을 하지 않는다는 거였다. 남의 일이 아닌 자기의 일을 했다. 근사한 직장보다는 붕어빵을 팔더라도 나의 일을 한다는 것이다. 또한 성공한 그들의 특징은 자신의 일을 기업화한다는 것이다.

남을 위해 일하지 말고 나를 위해 남이 일하게 만들어야 한다. 나의 경우도 역시 사업이 기업화되면서 내가 노동하지 않는 시간에도 수익은 발생하고 회사는 성장했다. 그러면서 자연스럽게 부자들과 어울릴 수 있었다. 간접적으로 접하던 부자들을 직접 만나볼 수도 있었다. 나는 여러 사람들을 만나고 배우려고 노력했다. 좀 더 폭넓은 경험을 위해 건국대학교 부동산학과(미래지식교육원)에 진학했으며 총학생회에 임원으로 봉사하기도 했다.

아무것도 모르던 때부터 숨 쉬듯 밥을 먹듯 부동산을 공부했으며 어느 날 투자를 하게 되는 날이 왔다. 투자를 실천하면서 그동안 공부한 모든 이론을 이해할 수 있는 기회가 되었다. 《부자 아빠 가난한 아빠》에 파이프라인 이야기가 등장한다. 책에서는 돈을 버는 방법을 기준으로 근로자, 자영업자, 사업가, 투자자로 나누고 내가 일하지 않아도 수입이 생길 수 있도록 파이프라인을 만들라고 말한다. 돈을 벌기 위해서는 수입을 다양화해야 한다. 이중에서 두 가지를 하는 사람도 많지 않지만 나는 현재 네 가지를 모두하고 있다.

근로자 현장에서 직접 뛴다.

자영업자 내 명의의 매장이 있다.

사업가 프랜차이즈 본사대표이자 세 개의 법인을 운영하고 있다.

투자자 주거시설, 오피스텔, 지식산업센터, 건물에 모두 투자했다.

2008년을 시작으로 지금까지 나와 회사의 자산은 100억 원이 되었다. 지독하게 가난한 흙수저인 나지만 단 한 번도 포기하지 않았다. 축구는 90분이 지나면 끝나지만 꿈은 포기하지 않는다면 절대로 끝나지 않는다. 도전하라! 해보면 생각보다 별거 아니다. "노세! 노세! 젊어서 노세!"는 부자들이 만든 거짓말이다. 그들은 절대로 놀지 않는다. 개천에서 용이 자주 안 나는 것이지 절대로 안 나는 것은 아니다.

PART 4

친구 따라 30대에
재개발지 상가주택으로
건물주 되기

by **빅토리아**

부동산에 빠진 이유

나는 20대 이후 지방에서 서울로 와서 대학을 다니며 독립을 한 케이스였다. 물론 난 다행히도 부모님의 지원으로 서울에 거주지를 마련할 수 있었지만, 그것 역시 2년마다 돌아오는 전세 만기, 그리고 가끔 세상을 잘 모르는 20대에게 갑질을 해주시는 주인분들을 만나며 내 집, 내 거주지에 대한 열망이 다른 서울 친구들보다 컸다. 하필 이사 때의 날씨는 왜 그렇게 매번 추웠고, 눈이 왔는지 지금 생각해도 가슴 뭉클한 순간들이다.

또한, 어린 딸을 서울에 그냥 보내기 불안하셨던 부모님은 이모댁 근처에 집을 얻어주셨고, 그렇게 서울에 와서 거주하게 된 동네가 나의 두 번째 고향, 강남이 된다. 전세를 거듭하다 마지막 주인의 갑질로 인해 부모님은 자식을 위해 강남에 아파트를 매수하셨다(늦게 알았지만 부모님 주변 분이 청담 자이 아파트 입주권을 산 것을 보고 그걸 사려고 했었는데 울먹이는 딸을 보며 당장 입주가 가능한 아파트를 샀다고 하셨다).

이렇게 집이 마련된 것에 감동하고(부모님집이라도 갑질할 주인이 없다는 게 너무 좋았다), 집값 상승의 중심에 있는 강남에 거주한 덕분에 부동산을 통한 부의 증대, 그리고 지역 선택의 중요성을 느낄 수 있었다.

놀라운 사실은 내가 서울에 있는 기간 동안 지방의 부모님 집은 5,000만 원(집값의 30%)이 상승한 반면, 내가 살았던 서울 집은 12억 원(집값의 300%)이 올랐다는 것이다. 매가의 차이가 있기 때문에 단순 비교는 어렵지만 그만큼 서울과 비서울의 부동산 상승의 차이는 매우 컸다. 그걸 바로 비교할 수 있었던 지방 출신인 나는 또래에 비해 상대적으로 부동산에 관심이 많을 수밖에 없었다.

부동산 투자의 시작

아무것도 모르고 청약을 넣다

회사를 삼성역 근처로 다녔는데 그 당시 삼성역 사거리에 모델하우스가 종종 생기곤 했다. 20대 후반 부동산에 대해 아무것도 몰랐던 나는 청약을 하면 그래도 좋다는 말을 들어보았고, 대학 시절 가입해둔 청약 통장으로 2011년 4월 서울숲 더샵 아파트에 청약을 넣었다. 그리고 동생 이름으로 84B에 당첨되었다. 회사를 다니며 모아둔 나와 여동생의 돈으로 분양가 6억 원대의 10%인 6,000만 원 정도를 계약금으로 넣었고, 중도금은 대출로, 잔금은 미래에 동생과 내가 막연히 마련할 수 있을 거라 생각하고 계약을 했다.

그때는 정말 그렇게 아무것도 모른 채 분양권을 샀다(엄밀히 말하면

행당동 서울숲더샵

매매   36평   💬 396

495세대   2014년 9월(9년차)   지도
용적률 392%   건폐율 34%

행당동 주간 방문자 6위   지금 17명이 보는 중 ›

매매   전월세   36평 ▼

최근 실거래 기준 1개월 평균   매물 가격 평균
없음   15억 4,500

최근 3년   전체 기간   매매/전세   비교

18억   최고
16억
14억
12억
10억최저
실거래 20건 / 회전율 11%   매물 2건
거래량
2020.01   2021.01   2022.01

2011년 청약을 넣었던 서울숲더샵 아파트의 현재 가격

여동생이 가서 서명을 했다). 아마 이런 무모한 도전 정신이 나를 계속 투자하게 하는 것 같기도 하다. 2007~2009년까지 부동산 상승기를 거쳐 2011년 당시는 유럽발 재정위기의 영향으로 부동산 침체기였고 부동산 투자심리가 위축된 상태였지만 부린이가 그걸 알 리 없었고, 청약 당첨은 무조건 좋다는 것만 믿었던 것 같다.

그러다가 동생의 결혼을 앞두고 그 아파트 건설 현장에서 화재가 발생했고, 동생 명의로 당첨된 분양권이었기에 2013년에 동생은 결혼과 동시에 분양권 상태로 프리미엄 약 1,500만 원을 더해 매도를 선택한다. 분양권 전매도 가능한 시기였고, 신혼인 동생에게 무리한 부채는 부담이었다. 내 명의였더라도 혼자서 20대에 잔금을 치를 능력이 없었기에 내가 분양권을 가져가지는 못했을 것 같다.

지금 실거래가를 보니 약 16억 원 정도다. 잔금을 전세금으로 치르면 된다는 생각을 하진 못했을 때라 미련은 없다. 만약 그 부동산 투자가 큰돈을 마련해줬다면 아마도 나와 여동생의 부동산 투자 속도는 훨씬 빨랐을 것이라는 아쉬움은 많이 남는다. 하지만 이런 청약 당첨의 행운은 향후 동생네의 보금자리를 또 마련하는 데 기여를 한다.

내 명의 첫 집을 등기 치다

나에게 부동산은 결혼 후 마련해야 한다는 압박감이 있었다. 지금 생각하면 부동산도 자산이다. 내가 준비되면 사면 되는 것이다. 하지만 그 당시엔 뭔가 미래의 배우자에게 부채 및 경제 계획에 대한 허락을 구하고 사야만 할 것 같다는 핑계로 계속적으로 투자를 보류했다(만나는 사람도 없었던 시절 왜 그런 고민을 했는지 지금도 이해가 안 되는 부분이다).

삼성동 나 홀로 아파트, 광장동 현대아파트 단지, 신도림 태영아파트, 청량리 전농 신성미소지움, 태릉입구 신내 7단지까지⋯ 30대

처음 매입한 강서구 가양 2단지 17평 아파트 내부 모습

초반부터 내가 아파트를 사고자 돌아다녔던 동네들이다. 갭 투자를
할 생각이었고, 주변에 꽤나 투자를 잘한다는 분들의 조언에 동네마
다 임장도 가고 부동산 방문도 하고 실제로 매수를 검토하기도 했다.
하지만 혼자 하는 첫 투자는 어려운 법이어서 결국 사진 못했다.

　해가 거듭될수록 내 거주지인 강남에서는 멀어져만 갔고, 게다가
갑작스러운 부동산 가격 상승 시기를 맞아 하나둘씩 나의 예산 범위
를 벗어나면서 이대로 결혼이 더 늦어지면 서울에 내 집 마련은 어렵
겠다는 고민을 하게 된다. 결혼이 늦어진 것도 속상한데 주변 친구들이
저마다 자리 잡았다는 이야기에 나 혼자 제자리걸음도 아닌 후퇴하는
삶을 사는 것 같았다. 그러던 차에 회사 노처녀 선배님에게 아파트를
산 이야기를 듣게 된다. 듣자마자 나도 노처녀가 될 미래를 직감했는
지 2019년 7월 첫 내 명의 아파트에 등기를 치게 된다.

보금자리론

상품소개

	u-보금자리론	아낌e 보금자리론	t-보금자리론
소개	한국주택금융공사 홈페이지를 통해 신청하는 보금자리론	대출거래약정 및 근저당권설정등기를 전자적으로 처리하여 u-보금자리론보다 금리가 0.1%p 저렴	은행에 방문해서 직접 신청하는 보금자리론
주택연금 사전예약	본인 또는 배우자가 만 40세 이상인 고객님께서 u-보금자리론을 신청하면서 주택연금 가입을 사전예약하고, 주택연금 가입연령에 도달 시(55세 이후 전환 희망 시) 주택연금으로 전환하는 상품입니다. 사전예약 공사 보금자리론을 주택연금으로 전환 시 우대금리(0.15%p 또는 0.3%p) 누적액을 전환장려금 형태로 일시에 지급해 드립니다.		
유의사항	각 상품별 대출 신청이 가능한 금융기관이 상이하므로 꼭 확인하여 주시기 바랍니다. 대출실행은 대출 신청 완료 후 최장 70일 내에 가능합니다. - 대출신청 후 ~ 대출승인 : 최장 40일 - 대출승인 후 ~ 대출실행 : 최장 30일 * 대출희망일이 신청일로부터 30일 이후인 건만 접수 가능		

자료: 한국주택금융공사 홈페이지

보금자리론 상세 설명

선배가 했던 방법인 정부 지원의 보금자리론을 이용해서 70% 대출과 개인 신용 대출로 강서구 가양 2단지 17평을 3억 원 후반에 매수하게 된다. 내가 사회초년생에게 가장 추천하는 집 매수 방식이다. 금리도 시장보다 매우 저렴하고, 높은 한도까지 대출해주며, 만 40세 이전에는 이자만 내는 대출 방식이어서 월세를 낸다는 개념으로 매수할 수 있다. 첫 등기를 치고 나서 나의 생활은 많은 부분이 바뀌었다. 그래서 친구나 후배들에게도 무조건 내 집은 한 번 사봐야 한다고 말하곤 한다.

첫 투자는 100점일 수 없다

하지만 첫 투자는 매우 무섭다. 나의 결정과 판단에 대한 책임이 너무 크게 느껴진다. 그럴 땐 투자 잘 하는 분들을 그냥 무작정 따라하는 방법을 추천한다. 그리고 실패한다고 인생이 끝난 것도 아니라는 점, 아직 30대라는 점을 알았으면 한다. 인생은 길다.

첫째, 집값이 하락하는 문제는 근로소득과 재테크 등으로 어떻게든 감당할 수 있지만, 내 예산을 떠나버린 집을 다시 사는 것은 어려운 일이다. 내가 살고 있는 집과 내가 미래에 살고 싶은 집의 과거 시세를 유심히 살펴보자(네이버 부동산의 시세/실거래를 누르면 적어도 7년간의 시세는 쉽게 알 수 있다). 너무 슬프게도 그래프가 우상향인 것을 확인할 수 있다. 그 말은 잠시나마 하락하는 시기는 있지만 계속 올라갈 확률이 더 높다는 것이다. 물론 미래를 전망할 때 무조건이라고 단정할 수는 없지만 과거의 데이터를 기반으로 미래를 전망하는 것은 대체로 틀린 적이 없는 안정적인 방법이다. 그러므로 예산 범위를 떠나간 집은 다시 잡을 수 없다고 보는 것이 맞다.

둘째, 실거주에 대한 안정감, 그리고 실거주가 아니더라도 내 집 하나가 있다는 것은 책임감과 시장을 보는 눈을 갖게 해준다. 내 집이 생기는 순간 부동산 뉴스가 이렇게 많았는지 세금은 왜 이렇게 많은지를 알게 되며, 세입자와 부동산 사장님 등을 만나면서 평소에는 할 수 없었던 더 다양한 경험을 할 수 있게 된다. 세상은 거칠고 넓다. 이왕 알게 될 현실은 빨리 알고 겪는 게 낫다고 생각한다.

셋째, 사실 싱글 여성의 경우, 일단 집을 갖게 되면 나의 노후 준비도 같이 해간다는 생각이 들기 때문에 미혼으로 나이가 들면서 생기는 불안감을 조금이나마 해소할 수 있다. 남자친구와 남편은 없어도 내 집은 어디 도망가지 않고 내 곁을 지켜준다는 느낌이 꽤 든든하고, 부동산 가격 상승 시기에는 가끔 너무 기쁘다. 진심이다.

실제로 '혼인 후 합가 양도세 면제'라는 세제 혜택도 있다. 실거주를 하지 않아도 나중에 결혼 후 배우자에게도 집이 있다 해도 세금 문제를 앞서 걱정할 필요는 없다. 국가는 혼인을 장려하고 있다. 투자와 결혼은 별개로 생각하고 해도 된다는 뜻이다.

동생의 청약 당첨

2013년에 결혼을 한 여동생네는 하락론자였다. 인구는 줄어들고 있고, 집값은 버블이라는 논리였다. 물론 이 말도 일리는 있다. 하지만 그랬던 여동생네는 2016년부터 잠실에 거주하면서 무서운 집값 상승을 경험하게 된다.

잠실 거주에 너무 만족하던 동생은 매수를 하려고 마음먹었지만 그 지역 집값은 이미 예산범위를 초과한 상태였다. 계속된 부동산 가격 상승에 동생은 청약을 고려했고, 서울 내 마지막 대출가능 아파트에 당첨되어 2023년 입주를 앞두고 있다.

"일어난 일 중에 아무 의미 없는 일은 없다"라는 말처럼 20대 시절 청약 당첨 경험으로 동생은 자신의 불안하고 부족한 예산을 극복할 수 있는 방법은 청약뿐이라고 생각했다고 한다. 그리고 바로 실행에 옮긴 동생은 청약에 당첨되기 위해 경쟁률이 낮은 타입을 선택했다. 하지만 그것도 불합격했다가 결국 예비 당첨으로 청약 당첨의 행운을 다시금 맛보게 된다. 분양가는 9억 원으로 중도금 대출이 나오는 단지였으며, 그때 또 시기를 놓쳤다면 서울 내 아파트에 도전하기는 힘들었을 것이다. 현재 입주 시 20억 원 정도의 시세가 형성될 것으로 예측하고 있다.

본격적인
부동산 투자의 길

부동산 법인 투자를 시작하다

2019년 11월 나는 부동산 법인 투자를 시작하게 되었다. 개인 명의의 아파트와 분양권을 세팅하고 나서 나는 재테크를 하는 방법에 대한 고민을 계속했다. 20대 이후 주식, 펀드로 상폐 및 몇 천만 원의 손실을 경험한 나는 트레이딩으로는 자산을 모을 수 없다고 판단했다. 귀가 상당히 얇아서 주변 사람들의 영향을 잘 받는 나란 사람은 특히나 가상화폐, 주식으로 이익을 보기는 힘든 구조였다.

2019년 11월 주말 어느 날 동생이 수원에 같이 가야 한다고 전화를 했다. 영문도 모른 채 끌려가게 되었고, 미리 동생이 섭외해둔 부동산에 가서 매수할 집을 보게 된다. 수원 권선구에 위치한 아이파크

시티란 곳이었고, 25평을 5,000만 원에 갭투자할 수 있다고 했다. 깨끗한 대단지 아파트 25평이 3억 원대라니 서울의 아파트 가격만 알던 나는 믿을 수 없었다. 그때부터 법인 부동산에 대한 공부를 시작했고, 가계약 이후 법인 설립 그리고 첫 법인 투자 아파트를 마련하게 된다. 내가 부동산 법인의 대표가 된 것이다.

차를 바꾸려고 모아둔 나의 돈은 이렇게 법인 투자금이 되었고, 3년이 지난 지금도 난 자산이 증식되는 속도를 보며 10년 된 나의 차를 바꾸지 못한 채 타고 있다. 40세에는 꼭 바꿔야겠다. 이때부터 난 부동산 관련 각종 강의와 유튜브, 책 등을 통해 정말 집약적으로 공부를 하게 된다. 매 순간 네이버 지도와 부동산, 호갱노노, 아실, 네이버 카페를 보면서 흐름을 읽었고, 임장도 가능할 때마다 많이 다니게 된다. 당시 부동산 관련 오픈 채팅이 또 유행이었고, 실제로 거기서 많은 정보를 얻기도 했다.

이렇게 본격적인 부동산 투자 공부를 하게 된 나는 법인 투자로 나의 시드머니를 키우게 된다. 법인 투자 초기인 2020년의 경우 법인 아파트 매수 시에도 취득세가 1.1%였기 때문에 입지, 주변 환경·호재, 입주물량 등을 비교 판단하여 저렴하다고 생각되는 경기도 및 인천 쪽의 3억 원대 아파트를 주로 매수했다. 인천시 산곡역 개통을 앞두고 있던 20평대 아파트, 주변 재건축을 앞두고 있어서 동네가 변할 예정인 만수동 20평대 아파트, 3호선 연장 예정인 파주 30평대 아파트, 평택 고덕 옆에 저평가되어 있다고 생각되는 아파트 등을 2020년도 상반기에 매수했다. 당시는 법인 대출이 가능했던 시점이라 법인 대출로 매수를 했다.

아파트가 예상보다 빠르게 상승하는 시기여서 예상 시기보다 빠르게 엑시트할(팔고 나갈) 수 있었다. 월세가 끼어 있는 매물을 사서 실거주가 가능하도록 해 매도를 하는 방식을 주로 사용했다. 인천시 산곡역 아파트는 지하철 개통 전에 사서 개통 후에 실거주할 분에게 매도했을 때 매수하는 분이 너무 좋아했던 기억이 있다. 물론 몇 개는 과도한 욕심으로 매도 시기를 놓치고 현재도 보유 중이다.

당시 아파트에 대한 규제가 계속적으로 나오고 법인 아파트에 대한 취득세가 12%로 변경되면서 새로운 방식의 투자가 필요했다. 나는 1억 원 이하 재개발 예정지 빌라, 지방 아파트를 매수하기 시작했다. 주로 빌라의 경우는 경기도 지역을, 1억 원 이하 지방 아파트의 경우는 산업중심 도시, 계속적으로 성장하는 그리고 지인이 있어 내가 잘 알고 있는 청주, 천안, 창원, 김해를 선택했다.

오래된 빌라, 아파트를 매수하여 새로 인테리어를 하고 높은 전세금을 받아서 투자금을 줄이는 방식으로 매수했고, 다행히도 매수 심리가 살아 있던 시기라 매도도 빠르게 이루어질 수 있었다. 투자 지역이 전국이 되다 보니 주말마다 버스, KTX를 타며 임장 및 계약, 인테리어 등의 업무로 바쁘게 지방 여행을 다녔다.

또한, 서울시 주요 입지에 대출 가능한 용산 오피스텔 분양권을 향후 동생을 위해서나 내 사무실로 사용하려고 매수했다. 당시 하이엔드 오피스텔도 상당히 인기가 있었는데 투자금도 크고 주변에 너무 많이 생기는 것 같아 투자는 하지 않았다. 실제로 2019년, 2020년은 집을 사고 조금만 시간이 지나면 오르던 시절이라 아주 재미나게 투자를 지속할 수 있었다.

정말 말 그대로 부동산을 쇼핑하듯 보러 다녔고, 그 당시 내 머릿속은 온통 부동산 생각뿐이었다. 돈이 보인다고 생각한 투자는 다 했고, 매수 매도를 통해 수익 300만 원부터 2억 원까지 다양한 투자를 경험하게 된다(아파트, 오피스텔, 분양권, 초기 재개발, 주거환경개선지구 등이 내가 한 법인 투자다).

법인 투자는 현재까지도 계속되고 있으며, 자동차를 사려 모아두었던 5,000만 원과 투자금 2억 원은 3배 이상의 수익률을 보여주고 있다. 정말 지금 생각하니 어떻게 그렇게 했는지 모를 정도로 쉴 틈 없이 공부를 하고 투자를 했던 시기였다. 아마 그때 내가 수원에 가지 않았다면, 이번 부동산 상승기에 함께 하지 못했다면 어땠을지 생각하면 정말 무섭다. 2022년 초반 주변의 무주택자 친구들은 너무나 불안해했고 벼락거지란 유행어도 생겨났다.

그때 난 정말 돈을 벌 수 있는 방법을 계속적으로 찾았다. 회사원이 돈을 벌 수 있는 방법에는 한계도 있었지만 이렇게 하지 않으면 나는 돈을 모을 수 없는 사람이긴 했다. 워낙에 소비도 좋아하고, 삶의 질을 유지하기 위한 비용도 많이 드는 사람이다.

법인 투자에 대한 나쁜 시선도 분명 존재했고, 현재는 법인 대출 규제, 종부세 등으로 그때처럼 투자할 수는 없다. 덕분에 나의 화려했던 법인 투자 시기도 일단락되었고 자산을 정리하면서 효율적으로 유지하고 있다.

60평 상가주택을 매수하다

법인 투자 3년을 하면서 자산 증식 외에도 다양한 경험을 많이 하게 되었다. 그러면서 아파트, 빌라, 오피스텔이 아닌 상가주택, 건물 투자 방법을 접하게 된다. 말로만 듣던 건물주들을 만나볼 수 있었고 30대 또래 건물주들도 만나게 된다.

지금까지 3년간 해오던 법인 투자가 가야 할 방향을 찾고 있던 시기에 이들과의 만남과 투자 방법에 대한 이야기는 나에게 많은 울림을 주었다. 멀게만 느껴지던 갓물주도 노력하면 될 수 있다는 사실과 신축을 하게 되면 안정적인 현금 흐름을 만들 수 있다는 것도 알게 되었다. 강남 지역에 터를 잡은 만큼 이 동네에서 계속적으로 거주하고 싶은 생각은 강했고, 회사원인 나의 능력으로 그곳에서 지속적으로 살기 얼마나 힘든지 깨닫고, 그 방법을 찾는 게 나의 바람이자 미션이었다.

"서초, 강남, 송파에 신축 보금자리를 마련하고 싶다."

이 바람을 가장 현명하게 이룰 수 있는 방법은 갭 투자, 갈아타기였지만 높은 매매가, 토지거래허가제, 막힌 대출 등으로 쉽지 않았다. 그러다가 재개발 투자를 하는 방법을 또래 건물주들을 통해 알게 되었고, 귀가 얇고 추진력이 좋은 나는 바로 송파구 마천 재개발을 알아보기 시작했다. 이때가 2021년 4월이었고 약 두 달간 마천 재개발 지역을 주중에도 주말에도 임장하며 향후 미래 가치에 대한 확신을 얻게 된다.

2021년에 매입한 송파구 마천동 60평대 상가주택의 보습

특히나 15억 원 이상 고가주택(빌라 포함)의 경우 대출이 불가했기에, 나는 대출이 가능한 상가 부분이 많은 상가주택을 알아보기 시작했다. 그러던 중 현재 나의 자본 상태로 매수가 가능하고, 미래 가치를 현재의 프리미엄으로 계산해봤을 때 아직 저평가된 매물을 만나게 된다.

그리고 2021년 8월 송파구 마천동에 위치한 60평대 코너 자리 상가주택을 23억 원에 겁 없이 매수한다. B1층 1호실, 1층은 상가 3호실로 구성되어 있고, 2, 3층은 주택으로 구성되어 있는데 아직도 계약서를 쓰던 날의 얼떨떨함이 기억난다. 아파트, 빌라에 대해선 어느 정도 투자 경험이 있기에 잘 알고 있었지만, 상가주택은 처음이라 여러 가지 시행착오를 겪어야 했다.

상가주택을 매수하게 된 가장 큰 이유는 내 자산으로 대출을 통해 매수할 수 있는 금액이었고, 재개발 조합 내 평가금액과 매가의 차이가 크지 않았고(감정평가금액 대비 프리미엄 약 1억 원), 향후 '주택 1 + 1 + @', '주택 + 상가'도 가능한 곳이었기 때문이다. 주변 아파트 가격을 기준으로 현재 시세를 생각했을 때와 유지비용(세금 및 이자비용, 수리비 등)을 계산해봤을 때 향후 사업이 큰 변동 없이 진행된다면 시세차익 5~10억 원 정도가 충분히 예상된다. 또한, 기존 상가 및 주택의 임차 재구성을 통해 임차수익도 지속적으로 개선해나갈 수 있어 일반적인 아파트 갭 투자보다 부담을 줄일 수 있어 더 좋았다.

나에게는 아직 열정과 젊은 감각이 있기에 법인 투자로 얻은 인테리어 경험을 통해 주변보다 더 경쟁력 있는 주택과 상가를 만들어 좀 더 나은 임차 상황을 만들 자신이 있었다. 또한, 몸테크도 가능하다면 양도세 면제도 되는 상황이었고, 굳이 끝까지 보유하지 않더라도 재개발 각 단계별 상황을 잘 파악하여 프리미엄이 상승했을 때 매도도 가능했다. 건물 투자가 열풍이던 시점에 상가주택을 매수한 점이 아쉽긴 하지만, 워낙 미래 거주에 대한 안정감을 원했던 나는 돌아가도 같은 선택을 할 것 같다. 실제로 현재 2층의 경우 리모델링을 통해 실거주를 염두에 두고 있다.

이제 건물주가 되고 나니 겪어야 했던 해프닝들이 많다. 우선 나의 경우, 건물 투자가 처음이고 주변에 건물을 매수한 친한 친구가 없다 보니 매수 시 무엇을 확인해야 하는지 몰랐다. 건물 매수 전에는 신축이 아니더라도 건물 세입자 및 상가 등을 직접 방문하며, 현 상태

및 하자에 대한 확인이 필요하다. 또한, 임차 내역 등을 사전에 매도자에게 요구하여 임차비를 연체하는 곳이 없는지 반드시 확인할 필요가 있다.

8월에 등기를 쳤지만 난 실제 상가주택에 방문해 임차인을 마주하는 게 막연히 두려웠다. 방문할 용기가 나지 않는다는 핑계로 매수하고 나서 6개월 뒤에 방문한 후에야 누수가 있다는 것을 알게 된다. 30년이 넘은 집에 하자가 없다는 것도 말이 안 되었지만, 2층 주택과 창고 부분, 1층 상가 부분의 누수가 갑자기 심해져서 고생을 해보고 나서야 누수가 얼마나 무서운지를 깨닫게 된다.

매도자에게 우선 연락을 해서 상황을 알렸고, 분명 중대 하자는 보상을 해주어야 하지만 이미 매도 잔금을 치른 지 6개월이 지난 시점이었기 때문에 매도자가 순순히 협조하고 수리를 해줄 리 없었다. 다행히 매도 부동산과 매수 부동산 그리고 매수자인 내가 수리비를 각자 부담하기로 하고 난 후 누수의 원인을 찾기 위해 임차 기간이 남은 세입자를 내보내야 했다. 다행히 좋은 세입자와 좋은 부동산 사장님을 만나 협조적으로 상황에 대처했음에도 불구하고, 누수는 예측이 불가능한 부분이라 이 문제가 해결되는 동안 마음고생이 심했다.

또한, 월세를 제때 입금해주는 임차인이 50%밖에 되지 않았고, 매번 새로운 핑계를 만들어야 하는 임차인의 어려움을 발견하는 경험을 한다. 그래서 임차비와 이자를 세팅할 때는 조금 여유 있게 할 필요가 있어 보인다. 특히나 금리가 가파르게 상승하고 있는 현재는 고정금리가 아니라면 변동금리의 추가 상승이 전망되기 때문에 더욱 보수적인 접근이 필요하다.

나의 경우 임차 기간이 만료된 상가 및 임차비 미납으로 명도가 가능한 곳은 임차를 재구성하여 이자 부담을 낮출 계획을 가지고 있다. 아파트 투자와 다르게 건물 투자를 위해서는 더 다양한 분야의 이해도가 필요하다. 특히나 상권, 임차에 대한 이해는 필수적인데 바로 근생건물 투자에 부담이 있는 독자도 많을 것으로 생각된다. 나 역시 그랬고, 시시각각 변하는 임차 및 상권의 변화에 계속적으로 관심을 가지고 업데이트한다는 게 쉬운 건 아니다(또한, 부동산 중개인이 말하는 예상 임차비는 실제로 그렇게 되지 않을 확률이 더 높다는 것도 알아야 한다).

그렇다면 우선 그 중간에 디딤돌 역할로 상가주택 투자를 염두에 두라고 말하고 싶다. 우선 건물이든 상가주택이든 발을 담그게 되면 그 다음은 생각보다 빠르게 익힐 수 있고 자신감을 갖게 된다.

30대 싱글여성의
고군분투 부동산 투자

돌이켜보니 부동산 투자를 하면서 참 많은 일들을 겪었다. 계약서 작성하면서 고함치며 싸우자 달려들던 매도인, 매도 계약 후 잠수를 타서 소유권 이전 등기 소송을 진행했던 일, 묻지마 투자로 계약금을 홀딱 날려버린 분양권 투자까지 기억에 남는 에피소드들이 밤을 세워 얘기해도 부족할 정도다.

정말 열심히 보낸 시간들이었다. 그리고 지금은 다음 2막을 위해 준비하고 공부하고 있는 시기이기도 하다. 투자를 하며 만난 사람들은 나에게 새로운 시각과 삶의 지혜들을 알려주었고, 그들 덕분에 우물 안 개구리가 바깥세상을 다양하게 경험할 수 있었던 것 같다.

내가 이 책을 처음 쓰겠다고 한 이유는 내 투자가 100점이라서가 아니고, 내 방법이 절대적으로 다 맞다고 생각해서도 아니다. 나 역시 후회되는 선택도 많고 아직도 계속 공부하고 방법을 찾고 있다.

30대 결혼을 안 한 그리고 못한 미혼 친구와 동생들에게 훌륭한 배우자를 만나는 것도 매우 중요하지만 그 부분과 별개로 부동산 투자를 하라고 말하고 싶다. 정말 20세기 신데렐라가 될 준비를 하는 게 아니라면(그리고 요즘 시기에 신데렐라도 별로 없더라) 나의 자산을 더 증식시켜 두는 노력을 미리 해둔다면, 단순히 결혼이 늦어진다고 해서 불안한 마음이 드는 일은 없을 것이다.

혼자서 마음먹기는 많이 힘들다는 것을 안다. 나 역시 무한 긍정과 도전 정신이 탑재되어 있었지만 투자하기까지 약 5년 정도가 걸렸다. 우선 네이버 카페나 스터디 모임 같은 곳에 가서 나와 같은 고민을 하는 또래 친구들을 만나보라고 말하고 싶다. 혼자 가는 길은 힘들다. 하지만 함께 가는 길은 생각보다 쉬울 수 있을 것 같다(묻지마 투자를 장려하는 건 아니다).

대한민국 서울에서 30대는 많은 걸 해내길 기대받고 있지만 생각보다 많은 것을 이루지 못해 가장 불안한 시기가 아닐까 한다. 나 역시 그랬다. 그리고 가장 힘든 건 어떤 길로 가야 하는지 그 방향을 누구도 알려주지 못한다는 것이다. 직장에서의 인정, 결혼, 그리고 서울에서의 독립 이 모든 것들이 나로 하여금 온전히 30대의 젊음을 마음껏 즐기지 못하게 만든 듯하다. 그리고 나의 경우 결혼이 늦어지는 부분이 재테크를 막았던 가장 큰 요소였고, 결혼과 별개로 내 인생을 조금 더 일찍 찾았다면 어땠을까 하는 생각이 든다. 재테크와 결혼을 고민하는 30대 미혼 여성들에게 나의 글이 도움이 되었으면 좋겠다.

PART 5

건물 매수부터
공사 완료까지
빌런들의 이야기

by 고고고

청약부터 시작해서
상업용 부동산으로

부동산 아무것도 모르겠으면
청약부터 해라

나는 2016년 아파트에 당첨되기 전에는 부동산에 전혀 흥미나 지식이 없는 흔히 말하는 부린이였다. 당시에는 아파트의 본격적인 상승시기 전이라 청약경쟁률이 그렇게 세지는 않았고, 대형평수에 대한 선호도는 상대적으로 떨어지는 그런 시기였다. 전세를 전전하며 지냈던 우리 가족의 안정을 위해 살 집 하나는 마련하고자 하는 마음으로 청약을 넣기 시작했다. 당시에는 은행에서 중도금 대출을 받을 수 있었기 때문에 일단 계약금을 가지고 시작했다.

약 6개월 이상 청약을 넣었는데 비교적 낮은 경쟁률임에도 불구하고 계속 탈락했다. 부동산에 대한 지식이 없어도 일단 지도를 보고 위치를 파악하고 지금 나와 있는 일반분양의 개수, 단지 내에서의 위치 등만 파악하면 누구나 쉽게 청약을 넣을 수 있었다. 그 당시 나는 시간 나는 대로 마음에 드는 위치가 나오면 무조건 집어넣었다. 연속으로 약 7군데 정도 탈락 후 이제부터는 탈락하는 것이 너무 싫어서 내 나름대로의 전략을 세웠는데, 그건 일단 붙고 보자는 전략이었다. 아파트 청약 공고가 뜨면 경쟁률이 제일 낮을 것 같은 타입에 집어넣었다.

같은 단지 내의 아파트인 경우 오르면 같이 오르고 떨어지면 같이 떨어진다. 단지 위치나 층, 향에 따라 가격이 조금은 차이가 날 수 있는데, 청약의 당락 여부보다 큰 변수는 아니라고 생각된다. 어쨌든 지금까지의 분석으로는 청약가액보다 아파트 가격이 떨어지는 경우는 아주 드물기 때문에, 일단 붙어서 그 흐름에 동참하는 것이 더 중요하다. 청약 공고가 뜨면 일반분양에 나온 각 타입별 가구 개수를 알 수 있는데, 좋은 타입과 층, 향은 보통 조합원이 다 가져가기 때문에 개수가 많을수록 인기가 없는 것이라고 보면 된다.

2016년도 강남의 모 아파트 공고 당시에는 지금과 다른 분위기로 대형평수가 일반분양분에 많이 나와 있었는데, 그때는 세금과 선호도를 고려해서 소형평수가 인기가 있던 때였다. 유행은 돌고 돌기 때문에 언젠가는 대형평수가 뜰 것이라 생각해 대형평수를 넣었고, 지금은 오히려 강남아파트의 경우 대형평수의 선호도가 더 높다. 대형평수를 선택했던 또 하나의 이유는 내 형편없는 청약 가점 때문이었다. 비교적 청약통장을 일찍 만들어 가입기간은 평균 정도였지만, 부양자가 많지 않았기에 점수가 높지 않았다. 이러한 상황에서 점수 순으로 뽑는 소형평수에는 절대로 붙을 수가 없다고 판단해 추첨제로 뽑는 대형평형에 지원했다. 평당 4,000만 원이 넘는 대형평수는 절대가액이 높아, 붙어도 자금조달이 문제였지만 일단 후일은 생각하지 않았다.

대형평수 중에도 여러 타입이 있었는데, 일반분양수가 많은 두 개의 타입이 눈에 들어왔다. 하나는 구조가 타워형이지만 향이 좋은, 다른 하나는 판상형이지만 향이 조금은 선호되지 않는 타입이었다. 나는 선호되는 구조인 판상형을 선택했다. 좀 전에 언급한 평수 크기에 따른 선호도 변화가 있듯이 향의 경우도 마찬가지라고 생각했고, 구조에 대한 선호도는 시간에 따라 변하지 않는다고 판단했기 때문이었다. 결국 대형평수 판상형으로 마음먹고 지원을 했고, 내 예상은 적중했다. 청약자들이 소형평수에 몰렸기에 대형평수 경쟁률은 높지 않았으며, 그중에서 내가 선택한 타입의 경쟁률이 가장 낮았다. 그래도 경쟁률은 20:1에 육박했지만 운 좋게도 청약에 당첨되었다.

1주택 세팅 후에는 상업용 부동산으로

방법이 어떤 것이든 간에 일단 1주택자가 된 이후에는 상업용 부동산으로 눈을 돌리게 되어 있다. 그 이유는 다주택자가 되면 중과되는 여러 가지 세금 때문이다. 아무리 소형이라도 다주택자가 되는 순간 취득세, 종부세, 양도세가 중과되므로 상식적으로는 더 이상 주택수를 늘리지 않는 것이 맞다. 그 1주택이 소형이든 대형이든 세금 면에서 갖게 되는 장점은 같으므로 이왕이면 소형주택 여러 개를 합친 가격으로 가장 위치가 좋은 곳에 대형주택 한 채를 보유하는 것이 가장 합리적이다. 그래서 '똘똘한 한 채'라는 말이 생겨난 것이다. 나 역시 이러한 연유로 상업용 부동산을 취득하게 되었는데, 그렇게 되려면 기존에 보유한 1주택의 가격이 많이 올라야 한다. 1주택을 이미 보유한 사람이 온전히 근로소득만으로 상업용 부동산을 매입하기에는 비용이 만만치 않기 때문이다. 소유한 1주택이 많이 올라줘야 이것을 담보로 다른 부동산을 취득할 수 있다. 공동 담보라고 불리는 이 형식은 상업용 부동산 플러스 기존 주택을 담보로 상업용 부동산을 매입하는 방법으로 최근 들어 많이들 이용한다.

상업용 부동산에는 여러 가지가 있는데, 토지, 구분상가(분양상가), 오피스나 주택이 아닌 오피스텔, 지식산업센터, 생활형 숙박시설, 분양형 호텔, 레지던스, 건물 등 주택으로 간주되지 않는 모든 부동산을 말한다. 나의 경우에도 많이 오른 주택을 활용하는 방법을 찾다가 상업용 부동산을 사기 위해 나열했던 모든 종류의 부동산을 알아보았는데, 그중에서도 특히 땅을 깔고 앉은 건물이 매력적으로 다가왔다. 여러 가지 이유가 있겠지만 시세차익과 임대수익을 동시에 노려볼 수 있기 때문이다. 시세차익을 극대화하려면 감가상각이 급격히 이루어지는 새로 지은 건물을 매입하는 것보다는 나대지나 허름한 건물을 취득하여 신축이나 리모델링을 하는 것이 최선이다.

본격적인 건물 매입

건물 매입의 어려움

건물 혹은 토지를 매입하기로 결정했으면 이제부터 단단히 마음을 먹어야 한다. 아파트와 다르게 개별성이 강한 시장이라 입지에 따른 가격이 천차만별이고 또한 타협이 어려운 개성 강한 매도자를 만날 수도 있기 때문이다. 일단 물건을 서치하여 소개받은 매물의 경우 90% 이상 입지가 마음에 안 든다고 보면 된다. 가격까지 마음에 들 확률은 그중에 10% 이내다. 따라서 시장에 나와 있는 매물 중 사야겠다고 결심할 수 있는 매물은 기껏해야 100개 중 1개인데, "나 이거 사겠소"라고 중개사에게 말하는 순간 갑자기 안 판다고 하거나 매도자가 중병에 걸려 병원에 입원하거나 장기이민을 떠난다고 하거나 중개사가 갑자기 연락 두절하는 경우가 발생하기도 한다. 이런 경우는 상승장에서 매물을 구할 경우다.

또한 갑자기 매도호가를 올리기도 하는데 건물이라는 특성상 가격대가 높기 때문에 최소 5~10억 원 정도는 심심치 않게 올라간다. 이렇게 미리 통보하는 경우는 양반이다. 최악의 경우는 계약날짜 잡아놓고 당일에 나타나지 않는 경우도 있고, 계약하겠다고 테이블에 앉았는데 그 자리에서 몇 억 올리는 경우도 있다. 또 전에는 해주겠다고 한 세입자 명도를 못하겠다고 당일에 말 바꾸는 경우도 있다.

위에 나열한 사례는 여러 사람들의 경험을 취합한 것도 아닌, 온전히 내가 매수기간 약 1년 동안 직접 경험한 것들이다. 다음날 계약한다는 기분에 취해 집에서 축하파티까지 하며 기대했는데, 당일 계약 못하고 빈손으로 돌아온 경우가 3번 이상 되니, 그 후부터는 누구에게도 알리지 않고 몰래 계약 장소에 나가는 지경에 이르게 된다. 실제로 계약이 성사될 때까지 징크스처럼 이런 습관은 지속되었다. 건물 시장의 특성상 대부분 매도자 우위 시장이고, 실제로 부딪히는 상황이 이러하니 멘탈 관리가 필수고, 긍정적인 마인드를 가졌거나 정신력이 강한 사람만이 포기하지 않고 전진하여 계약까지 이르게 되는 것 같다.

실제로 계약이 파기되는 여러 상황을 맞게 되면 정신이 황폐해지고 자신감을 점점 잃고 비관적이 된다. 여기에다가 주위에 비슷한 처지에 놓인 동지도 별로 없고 건물 매입은 개별성이 강한 경험이라 위로나 이해, 동정을 구할 수도 없다. 이 말은 좌절을 겪을 때마다 온전히 스스로 극복하고 일어나야 한다는 뜻이다. 건물을 구입한다는 것이 거주할 목적의 집을 살 때처럼 필수는 아니므로 사실 중도포기하거나 그냥 설렁설렁 임하는 사람이 대부분일 수 있다.

사실 재테크 수단은 다양하므로 자신이 건물 매입부터 너무 큰 스트레스를 받는 성향의 소유자라면 과감히 포기하는 것이 낫다. 어차피 잘 먹고 잘 살려고 하는 일인데 매입할 때부터 못 견딜 일투성이라면 앞으로 줄줄이 해야만 하는 임차인 명도, 멸실, 건축 등의 행위 또는 임차인 관리, 동파, 누수 관리에 있어서도 괴로울 것이 뻔하기 때문이다. 그렇지만 부동산 재테크에 열정을 가지고 한 단계 한 단계 밟아가면서 희열과 재미를 느끼는 사람이라면 이만큼 동기 부여가 되는 재테크 수단도 없다.

나의 건물 매입기

처음에는 가용 가능한 자금(약 15억 원)을 바탕으로 최대한 많은 예산을 책정했는데, 레버리지를 극대화하고 가장 좋은 매물을 잡으려는 이유에서였다. 초창기에 알아본 동네는 주로 강남 쪽이었다. 청담동이나 신사동을 중심으로 올근생건물, 다가구, 다세대 가리지 않고 인터넷 매물이든 중개법인 매물이든 로컬 부동산 소개 매물이든 다 알아보고 다녔다. 처음에 알아보기 시작한 시기가 2020년 9월경이었는데 그때만 해도 매력적인 매물이 많았던 것으로 기억한다.

강남 쪽 대로변 바로 이면 역세권인데도 평당 7,000만 원 정도면 무난하게 살 수 있는 정도였으니, 지금과 비교하면 얼마나 땅값이 많이 올랐는지 알 수 있다. 현재는 이런 매물을 구입하려면 평당 1억 5,000만 원 이상은 고려해야 한다. 그러다가 2021년 초반을 기점으로 전체적으로 가격이 갑자기 오르기 시작하면서 초창기에는 생각지도 않았던 수익률을 계산하게 되었다.

처음에는 단순히 시세차익만 고려하여 물건을 고르다가 예상 수익률이 2.5% 밑으로 떨어지기 시작하면서 강남에서 서초로, 그리고 송파로, 더 나아가 강동으로 눈을 돌리다가 점점 납득할 수 없는 호가를 경험하며 한남, 성수 등 강북으로 범위를 확장했지만 별 소득이 없었다. 시장이 과열되었던 초반에 너무 따지지 말고 매입했으면 어땠을까 하는 후회도 있었지만, 건물 매입이라는 것이 충분한 검토 없이 실행하기에는 위험이 크기 때문에 일부러라도 시행착오를 겪는 시기를 약 1년 정도는 갖는 것이 낫다고 본다.

건물 매입 시 항상 하게 되는 고민은 시세차익을 우선시할 것인지 임대료 기반 수익률을 최우선으로 고려하여 매입할 것인지 하는 문제다. 개인적인 생각은 수익률 없는 곳에 시세차익이 있을 수 없다고 보기 때문에 일단 수익률 우선이다. 단, 이러한 기준은 서울 주요 지역에 한해서다. 그리고 상권을 활성화시키는 몇 가지 입지적 요인이 있는데, 근처에 업무지구, 대학교, 관공서, 공원 등이 있는지가 중요하며, 갑자기 뜬 상권은 배제시켰다. 매물은 가급적 많은 가능성을 열어두고 보는 편이었는데, 시장에 나온 지 오래된 매물, 이미 인터넷 시장에 돌아다니는 매물, 여기저기서 사라고 소개하는 중복 매물 등은 고려하지 않았다. 나보다 더 고수들이 이미 사지 않기로 결정한 매물이기 때문에 나에게까지 올 수 있었다고 영리하게 판단한 것이다.

실제로 알토란 같은 매물들은 오픈되지 않고 동네 부동산에서 광고 없이 보유하고 있는 경우가 있는데, 이런 매물들을 소개받으려고 노력했다. 또한 매도호가가 은행 감정가보다 턱없이 높거나 공시지가와 비교하여 3~4배를 뛰어넘는 수준이라면 이미 부풀려져 있는 경우이므로 아예 사려는 시도조차 하지 말거나 협의를 통해 매입가를 낮추어야 한다. 위에 나열된 몇 가지 기준, 즉 예상 수익률이 높고, 업무지구가 인접해 있으며, 유행 타지 않는 상권으로 서울 4대문 안의 초역세권, 대로변 일반상업지에 있는 허름한 건물을 동네 부동산에서 소개받아 매입하게 되었다.

건물 매입 시의 팁,
도로

코너 여부에 따라
1.5배 이상의 지가 차이

건물 매입을 고려하는 사람에게 도로와의 관계를 따져보는 일은 매우 중요하다. 접한 도로의 폭이 4m인지, 10m인지, 일방통행인지, 코너에 위치에 있는지 등에 따라 시인성이 달라지게 되고 이것은 곧 수익률 및 지가상승에 영향을 끼치기 때문이다. 그런데 아이러니하게도 건물의 입지라는 것이 여러 변수가 복합적으로 작용하기 때문에 도로의 폭이 넓다고 해서 상권이 발달하는 것도 아니다. 도로의 변수에 따라 상권이 이렇다 저렇다 하는 체계적인 연구는 없다. 따라서 개개인의 경험에 근거한 인사이트에 의존할 수밖에 없다. 일단 모

상업지 코너에 지어진 대지 24평에 건축면적 11평 연면적 96평의 건물

든 사람들이 동의하는 것은 코너 위치는 무조건 좋다는 것이다.

따라서 바로 옆 대지라 하더라도 코너인지 아닌지에 따라 지가가 1.5배 이상 차이나기도 한다. 코너 자리는 아무리 비싸더라도 무조건 사는 사람도 있으니, 너무 터무니없는 가격이 아니라면 매입하는 것이 좋다고 본다. 코너 자리의 위력은 협소대지에 지어진 건물을 보면 알 수 있다. 작은 사이즈의 땅이라 하더라도 건물이 웅장하고 커 보인다. 위 신축 건물은 상업지 코너에 지어진 것으로 믿기지 않겠지만 대지 24평에 건축면적 11평 연면적 96평의 건물이다.

너무 넓은 도로보다
10~20m 정도의 이면도로

대지에 접한 도로의 폭은 적당한 것이 좋다고 본다. 너무 좁으면 유동차량 및 유동인구가 너무 적고, 너무 넓으면 상권이 형성되기 힘들다. 상권은 양방향의 유동을 다 흡수해야 하는데, 도로가 광대하면 건너편의 유동인구를 흡수할 수가 없다. 같은 이유로 중앙분리대가 있으면 심리적으로 차량 및 사람들이 건너편으로 넘어가는 것에 대해 부담을 느끼므로 좋지 않다. 서울시 선릉역과 한티역 사이의 대로변보다 10m 도로를 끼고 있는 이면 상권이 더 활성화되어 있고 유동인구가 많다.

양방향의 유동인구를 다 흡수하려면 어떤 조건을 갖추어야 할까? 우선 도로가 너무 넓으면 안 된다. 개인적으로는 10~20m 정도가 좋다고 본다. 왕복 2차선에서 3차선 정도이면 반대편 차선을 침범하거나 불법 유턴하는 차량의 빈도가 높아진다. 또한 무단횡단하는 사람의 빈도도 높아진다. 범법행위라는 문제를 차치하고 이게 무엇을 의미하는 것일까? 한마디로 건너가려고 하는 심리적 장벽이 낮다는 것이다. 정상적인 유동인구의 개념은 양쪽 상권을 다 이용할 수 있다는 것이고, 이는 상권 활성화의 필수적인 요소다. 예를 들면, 서울시 선릉역과 한티역 사이의 대로변보다 10m 도로를 끼고 있는 이면 상권이 더 활성화되어 있고 유동인구가 많다.

이면도로일 경우에는 상권을 고려할 때 그 블록을 관통하는 도로

서울시 선릉역과 한티역 사이의 대로변보다 10m 도로를 끼고 있는 이면 상권이 더 활성화되어 있고 유동인구가 많다.

가 우선이 된다. 사람이나 차량이나 중간에 끊기거나 우회하는 도로로 진입하기보다는 대로변으로 진입이 수월한 도로나 인도로 진입하기 마련이다. 신사동 가로수길의 경우 도로폭이 약 10m인 왕복 2차선 도로이며, 그 블록을 관통하므로 상권이 흥할 요소를 다 갖춘 셈이다.

퇴계로보다는 종로, 을지로가 상권이 더 좋고 지가가 더 비싼 이유는 무엇일까? 동서로 가로지르며, 도로폭도 거의 비슷하다는 점에서는 유사하지만 아주 큰 차이가 있다. 바로 지하철역이 도로를 따라서 연달아 있는가 하는 점이다. 종로에는 1호선이 지나가고 곳곳에

서울시 중구 도로의 모습

환승역이 존재한다. 을지로 역시 마찬가지로 2호선이 지나가며 환승
역이 있다. 퇴계로에도 4호선이 지나가기는 하지만, 위의 종로나 을
지로처럼 지하철역이 촘촘하게 위치하고 있지는 않다. 버스도 그렇
고 사람들도 지하철역을 중심으로 이동한다는 것을 파악한다면 같은
도로조건일 때 이왕이면 지하철이 주행하는 곳으로 토지를 매입하는
것이 유리하다. 위의 그림을 보면 종로, 을지로, 퇴계로의 지하철역
분포가 다르다는 것을 알 수 있다.

건물 매입 시의 팁,
용도지역

    모두가 아는 바와 같이 용도지역 중에 가장 용적률이 높고 땅값이 비싼 곳은 상업지역이다. 그래서 같은 조건이면 상업지역을 사는 것이 당연하지만 상업지역 중에서도 접해 있는 도로의 폭이 작다면, 문화재와 인접해 있다면, 혹은 지구단위계획구역에 속해 있다면 주의를 요한다. 도로의 폭이 좁으면 건물 높이 제한에 걸려 상업지역의 장점인 용적률을 다 취하지 못할 가능성이 높다. 보통은 높이가 몇 미터 이내로 결정되어 있거나, 도로 폭에 따른 건축물 높이 산술식이 따로 있기 때문에 해당 구청이나 건축사를 통해 확인하는 것이 좋다.

도로의 폭이 좁다면,
문화재와 인접해 있다면

　상업지역이라고 해서 접해 있는 도로의 폭도 확인하지 않고 무작정 매수를 하다가는 낭패를 볼 수도 있다. 서울에는 보통 알고 있는 문화재뿐 아니라 잘 알려지지 않은 문화재도 꽤 많다. 서울의 사대문 안은 거의 다 상업지역이기도 하지만, 곳곳에 문화재로 지정된 곳이 무척이나 많으므로 이와 인접해 있다고 판단되면 매수를 안 하는 것이 낫다. 문화재와의 거리에 따라 높이 제한이 정해지는데, 그 제한에 걸리느냐 벗어나느냐에 따라 지가의 차이가 크게 벌어지기 때문이다.

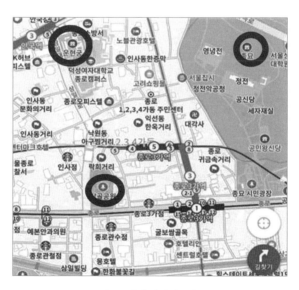

종로3가역 상권의 모습

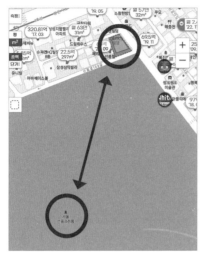

디스코 앱 검색 사례

종로3가역 근처 상업지를 좋게 보고 매물을 찾으러 다닌 적이 있었는데, 그곳에는 종묘, 탑골공원, 운현궁 등이 있어서 고도제한에 걸리지 않은 곳을 찾기가 힘들었다. 이런 이유로 그 일대를 돌아보면 높은 신축건물이 거의 없다.

위의 자료에서와 같이 종로3가역은 익선동을 비롯하여, 귀금속거리가 형성되어 있어 상권이 좋은 곳이다. 그러나 곳곳에 문화재가 있으므로 잘 확인하고 매수에 나서야 한다. 과연 내가 매수하려고 하는 토지가 문화재 보존구역에 해당되는지 확인하는 간단한 방법이 있다. 건축물 대장을 확인하거나 '디스코'나 '부동산플래닛' 같은 관련 앱에서 검색이 가능하다. 간단한 예로 서울 강남의 선정릉에 인접한

한 곳을 선택하면 이 같은 정보가 뜨는데 그중에서 역사문화환경보존지역인지 확인하면 된다.

지구단위계획구역에 속해 있다면

가능하면 지구단위계획 등 재정비 구역에 속해 있지 않은 토지를 매수하는 것이 좋기는 하지만, 정말 마음에 드는 곳이 지구단위계획에 속해 있다면 단독으로 신축이 가능한 곳인지 꼭 확인하기 바란다. 특히나 준주거지역나 상업지역은 이러한 구역에 속해 있는 경우가 많기 때문에 기본적으로 지구단위계획에 대한 열람은 필수다. 본인이 매수하려고 하는 곳이 지구단위계획에 속해 있는지, 개별신축이 가능한지 간단히 확인하기 위해서는 서울시 지구단위계획을 키워드로 검색하여 페이지로 들어가서 주소 창에 해당 지번을 입력하면 된다.

한남오거리 일대는 지구단위계획으로 묶여 있는데, 그중에 한곳을 지정하여 지번을 입력하면 '공동개발지정'인지, '공동개발권장'인지 표시가 된다. '지정'으로 되어 있으면 반드시 해당 필지와 같이 신축공사를 해야 된다는 뜻이며 개별 신축은 금지된다. '권장'인 경우 강제사항은 아니다. 또한 구청에서 제공되는 해당 지구단위계획 구역에 대한 결정도를 열람하면 전체 필지에 대한 공동 개발 여부를 확인할 수 있다.

이러한 결정도에는 공동 개발뿐 아니라 다른 유용한 정보들이 포

한남지구단위계획 및 결정도

함되어 있으므로 본인이 매수하려고 하는 토지가 지구단위계획에 속해 있다면 결정도 보는 방법도 익히는 것이 좋다. 가끔 종상향을 기대하는 사람들도 있는데 종상향이 된 케이스가 많지가 않고 오래 걸리는 일이기에 그런 것을 바라고 매수하는 것은 바람직하지 못하다. 최근에는 군자역 일대가 3종일반주거지역에서 일반상업지역으로 종상향되는 등 역세권을 중심으로 변화가 이루어지고 있기 때문에 더욱 역세권의 중요성이 커지고 있다.

건물 매입 시의 팁,
신축건물 또는 개발

건물을 매입하고자 하는 사람들의 대다수가 이미 수익률이 세팅된 매물을 찾는다. 보통의 신축건물로서 나대지를 매입하여 개발행위를 하는 것에 대해 적잖은 스트레스를 받을 것이라 생각하는 사람들이 많기 때문이다. 이미 임차인이 다 차서 어느 정도의 수익률이 나오는 매물이라면 매수자의 입장에서 사실 신경 쓸 것이 많지 않다. 건물의 입지, 현재의 수익률, 위반건축물 여부 정도만 체크해도 웬만한 리스크는 피할 수 있다.

그러나 리모델링이나 신축행위를 통해 밸류업을 바라는 매수대기자라면 고려해야 할 것은 훨씬 많아진다. 위에서 나열한 것 외에도 건축지식, 관련 법령, 상권분석 체크는 물론이고, 예상 수익까지 도출해낼 수 있어야 한다. 그래야 내가 이 땅을 매입해서 어느 정도 실

서울 서초구 반포동 2종일반주거지역에 위치한 건물 사례

익이 있는지 판단할 수 있기 때문이다.

리모델링을 염두에 두고 있다면, 현재 용적률을 파악하여 상한 용적률까지 증축이 가능한지, 엘리베이터 설치가 수월한 건물인지, 내력벽이 많아 구조보강이 필요한지가 주요 고려 포인트다. 가끔 법적 용적률을 상회하여 지어진 건물을 볼 수가 있는데, 이러한 경우에 신축을 해버리면 오히려 연면적이 줄어들기 때문에, 그 상태에서 외관을 바꾸거나 엘리베이터를 설치하는 리모델링이 훨씬 유리하다.

서울 서초구 반포동 2종일반주거지역에 위치하고 있는 이 건물의 용적률은 현재 법적 상한 용적률(200%)보다 45% 정도 초과된 상태라 리모델링을 하는 것이 유리하다. 다가구나 다세대를 매입하여 근린생활시설로 개발행위를 한다고 할 때 일반적으로 리모델링이 공사비가 덜 들기 때문에 우선적인 고려대상이다. 하지만 주택으로 만들어진 건축물의 경우 내력벽이 많아 철거비가 많이 들고, 그만큼 구조 보강 공사비용이 추가되어 리모델링 공사비가 신축 공사비보다 많이 드는 경우가 있다. 따라서 꼼꼼히 따져보고 결정해야 한다.

리모델링 공사비나 기간이 신축공사보다 많이 들어가는 경우에는 당연히 신축공사를 해야 한다. 이외에도 리모델링 공사 자체를 하지 못하는 건축물인 경우 무리하게 리모델링을 시도하기보다는 깔끔하게 신축공사를 하는 것이 낫다. 공사 난이도는 일반적으로 리모델링이 높은 경우가 많으며, 당연하겠지만 외관 디자인의 자유도는 신축의 경우 훨씬 높다. 만일 처음부터 신축을 고려하여 매입하고자 한다면 나대지를 사는 것이 가장 좋고, 그 다음에는 층수가 낮은 연와조 혹은 목조 건물이나 동일 층수면 지하층이 없는 것을 사는 것이 좋다. 신축을 고려할 때 가장 비용과 시간이 많이 드는 경우는 지하층이 있고, 지상층이 높은 철근콘크리트 건물을 사는 것이다. 이렇게 되면 리모델링을 해야 할지 신축을 해야 할지 애매해진다. 나의 경우 신축을 목적으로 건물을 매입했지만 재정비구역이라는 점 외에도 2000년식 지상 5층의 철근콘크리트 기둥식 건물이라 리모델링을 하기로 계획을 변경했다.

다음 사진들 중 첫 번째 사진은 매수 당시 건물의 모습이다. 그냥 보기에도 튼튼해서 철거하기가 쉽지 않아 보인다. 가운데 사진은 장시간 검토 끝에 리모델링을 하기로 결정하고 공사 중인 사진이다. 오

2000년식 지상 5층 철근콘크리트 기둥식 건물 리모델링 과정

른쪽 조감도는 공사 완료 후 예상되는 건물의 모습이다. 이 건물은
2000년식 건물이지만 외관이 답답하고 세련되지 못한 상태였다. 공
사 후에는 커튼월을 기반으로 한 엘리베이터가 설치되어 있는 건물
로 재탄생될 예정이다.

건물 매입 시의 팁,
좋은 건축사 좋은 시공사

공사를 할 목적으로 토지를 매입했다면, 그에 못지않게 중요한 일이 남아 있다. 바로 좋은 건축사와 시공사를 만나는 것이다. 건축설계사무소를 어떤 곳으로 정해야 할지에 대한 정답은 모든 사람이 알고 있다. 친절하고 관련지식이 풍부하며 대관업무도 수월하게 처리할 수 있는 능력을 가진 건축사와 만나는 것이 정답이다. 그렇지만 어떻게 스크리닝을 할 것인가에 대해선 각자 나름대로의 기준이 있을 것이고 여기에서 몇 가지 좋은 건축사를 선정할 수 있는 나만의 팁을 제시하고자 한다.

좋은 건축사 선정하는 방법

일단 건축사를 소개받았을 때 홈페이지부터 찾아보았다. 홈페이지의 규모는 중요하지 않지만, 지금까지 어떠한 프로젝트를 수행했고, 결과물이 어떤 것이 있었는가에 대한 내용이 사진과 함께 있으면 좋다. 나의 경우 프로젝트는 공공 프로젝트부터 개인 프로젝트까지 다양한 경험이 있는가를 보았고, 내 건물과 유사한 입지에 있는 건물을 설계한 이력이 있는지 보았는데, 사실 이 부분이 건축사 선정에 있어 중요한 비중을 차지했다. 그리고 실제로 미팅을 했을 때 건축사 본인이 나오는지 사무실 직원이 나오는지도 중요하다. 의외로 바쁘다는 핑계로 건축사가 직접 안 나오는 경우가 많다. 또한 건축사와 직접 미팅을 하더라도 내 토지나 건물에 대한 사전조사도 안 하고, 본인의 홍보에만 열을 올리는 건축사도 만나보았는데, 과연 이런 사람에게 내 건물을 맡길 수 있을지 의심해보아야 한다.

최종적으로 나와 같이 일을 하게 된 건축사사무소는 사소하고 무시할 수 있을 만한 나의 질문에도 귀 기울여주고 성실히 설명해준 곳이었다. 건축사 사무소의 고객이 되는 일반인의 경우 건축지식이 현저히 부족하다. 따라서 그러한 건축주를 이해시키려고 노력한다는 것 자체가 그 건축사의 친절함과 전문지식의 깊이를 알 수 있는 대목이다.

좋은 시공사 선정하는 방법

좋은 건축사를 선정했다면 시공사 선정이 남았다. 나의 경우 시공사 선정을 위해 남다른 노력을 했는데, 그것은 시공사가 공사 완료한 건물의 건축주나, 임차인 혹은 동네 사람들을 만나보는 것이었다. 시공사가 종합건설면허를 가지고 있는 어느 정도 규모가 있는 곳이라면 홈페이지를 통해 준공한 건물을 소개한다. 이 건물의 소재지를 파악한 후 직접 찾아가면 된다. 그 건물의 건물주를 직접 만나는 것은 어려울 수 있지만 임차인이나 동네사람들은 쉽게 만날 수 있다. 임차인을 만나면 건물에서 영업하는 데 어려움은 없는지, 건물에 하자는 있는지, 있다면 하자보수는 잘 이뤄지고 있는지 쉽게 파악할 수 있다. 동네사람들을 통해서는 당시 공사 중에 민원은 있었는지, 있었다면 시공사의 대처는 어땠는지를 알 수 있다. 운 좋게 건물주를 만난 경우도 있었는데, 건물주에게는 공사가 제때에 잘 끝났는지, 공사비 증액을 요구하지는 않았는지 등을 물어보았다. 신기하게도 건물주, 임차인, 동네사람들의 의견에 통일성이 있었고, 이는 시공사 선정에 있어 결정적인 단서가 되었다.

나는 이것도 부족하다고 생각해 시공사를 통해 기존에 공사를 진행한 건축주들의 연락처를 물어보았는데, 흔쾌히 알려주는 시공사가 있는가 하면 전혀 정보를 주지 않는 시공사도 있었다. 공사가 끝난 후에도 건축주와의 관계가 좋다면 연락처를 알려주는 데 거리낌이 없다고 판단했고, 실제로 이러한 시공사는 기존 건물주와의 관계가 좋았으며 평판도 좋았다. 이러한 나의 노력은 최고의 시공사는 아니더라도 괜찮은 시공사를 선정하는 데 많은 도움이 되었다.

PART 6

압구정 현대아파트에서
미국 싱글하우스,
나아가 갓물주가 되기까지

by **나비**

30세, 압구정동에 우리 집을 마련하다

시드 자금 모으기

2000년 나는 비교적 어린 나이인 25세에 결혼을 했다. 1998년 그 유명한 IMF 시절에 남편을 만났다. 어려운 경제상황 속에서도 하나 둘 벤처회사들이 설립되기 시작했고 내 남편의 작은 회사도 그중 하나였다. 그리고 이름처럼 모험으로 끝났다. 우리 둘 다 무일푼이었다. 심지어 남편에게는 거액의 빚이 남았다.

둘이 살 집이 필요했다. 서울에서는 힘들었다. 우리는 남편의 직장이 있는 충청남도 천안시에서 시작하기로 하고 작은 원룸을 얻었다. 남편의 월급으로 빚을 갚아나가면서도 시어른의 생활비까지 보내드렸다. 빠듯한 생활이었다. 저축은 힘들었다. 나를 꾸밀 자금은 없었다. 과거 5만 원으로 옷을 사 입었다면 5,000원으로 사 입었고, 과거 퍼머넌트가 5만 원인 미용실을 다녔다면 1만 원으로 해결되는 미용실을 찾았다. 나는 멋내기를 좋아하는 사람이었다. 다른 무엇보다도 멋내기를 못하는 것이 힘들었다. '이 벌이로는 멋내기는 힘들겠구나!', '나는 멋을 내고 살고 싶다!' 지금 생각하면 얼마나 어린애 같은 생각인지 그때 나는 참 어렸었다.

그런데 이 어린애 같은 욕구가 나를 투자에 눈뜨게 했다. 남편의 벌이로는 나를 꾸밀 돈이 없다. 나는 나를 가꾸고 싶다. 그러려면 별도의 수입이 있어야겠다. 내가 벌면? 그래! 내가 벌면 된다. 결핍이 내게 준 순기능이었고 동기부여였다. 자신의 마음을 잘 들여다보면 길이 보이기도 한다. 나는 내 욕망에 충실했고 그 욕구가 시드 자금을 모으게 했고 투자를 시작하게 했다. 이 소박한 욕망이 내 진짜 부동산 시작의 토양이다.

어떤 투자서적에서도 시드 자금 모으기가 가장 중요하고 어렵다고 한다. 나 역시 그랬다. 깨알 같이 작은 자금을 콩만 하게 불리기까지 많은 노력이 필요했다.

생애 첫 주택 구입과 두 번째 주택 구입

우선 청약통장에 가입하고 적은 돈이지만 꾸준히 납입했다. 절약은 서서히 통장 잔고를 살찌웠다. 그 시절 은행이율은 8~9%대였

서울시 아파트 매매가격 지수

(단위)

140.00

120.00

100.00

80.00

60.00

40.00

20.00

0.00

1986 1987 1988 1989 1990 1991 1992 1993 1994 1995 1996 1997 1998 1999 2000 2001 2002 2003 2004 2005 2006 2007 2008 2009 2010 2011 2012 2013 2014 2015 2016 2017 2018

※ 2012년 11월 지수=100

자료: 통계청

다. 우리는 2년만인 2002년에 천안시 쌍용동에 24평 낡은 아파트를 7,300만 원을 주고 샀다. 우리 집이 생기자 부동산에 깊은 관심이 생기기 시작했다. 경기가 좋다는 말은 한번도 들은 적이 없다. 그럼에도 불구하고 부동산 가격은 올랐다.

그 사이 내 친구들은 학업을 마치고 취업을 시작해 안정을 찾아갔다. 그중 증권회사에 취업한 친구가 있었다. 친구는 투자할 만한 종목을 알려주었다. 주식 투자 금액은 300만 원이었다. 주식에 전혀 관심 없던 우리 부부는 다 잃어도 너무 아프지 않을 금액인 300만 원어치 주식을 사놓고 매일 신문을 살폈다. 그때는 신문에 주식시세표가 게재되던 시절이다. 그러고 보니 참 오래된 일이다. 20년보다 더 오래된 일이니.

운이 좋았다. 우리가 산 주식은 500원짜리 동전주였는데(지금은 다른 기업에 인수합병된 것 같다. OPC 제조회사였다) 300만 원은 금세 1,000만 원이 되었다. 적금을 해지하고 집을 담보로 약간의 대출을 받아 증액 투자를 했다. 주식계좌는 거침없이 자라났다. 나는 지나다니는 길에 보이는 모델하우스들은 모두 다 방문했다. 그중 발전 가능성이 보이는 아파트에 청약을 넣었고 당첨되었다. 2003년의 일이었다.

그리고 2005년이 되었다. 청약했던 아파트의 입주 시기였다. 거주하던 24평 낡은 아파트의 거래가격이 그 사이 올라 있었다. 약간의 수리를 하고 전세를 주었다. 그때 전세 가격이 내가 산 가격보다 높은 8,000만 원이었던 것으로 기억한다. 전세자금과 대출을 받아 천안시 용곡동 34평 새 아파트로 이사했다. 2억 원이 조금 넘는 가격이었다.

처음 무일푼으로 시작해 두 채의 집을 갖게 되는 순간이었다. 시드 자금을 모으는 건 무無에서 유有를 만드는 과정이다. 아무것도 없는 상태에서 무엇인가를 만드는 게 힘든 건 당연하다. 남편은 성실히 직장생활로 경제활동을 했다. 나는 아껴서 생활했다. 그리고 부동산을 매수하는 투자 실행을 하고 주식 투자를 했다. 내가 청약하는 날 뉴스에서는 대통령의 부동산 정책 발표가 나왔다. 오래된 일이라 기억이 흐릿하지만 그 내용은 "지금 집 사면 망한다"였다. 우리가 그 발표를 듣고 청약을 해야 하나 말아야 하나 고민했던 기억이 떠오른다.

우리의 결정은 "그래도 우리가 살 집은 있어야 한다!"였다.

어떤 정책이 나와도 무주택이신 분들은 자신이 살 집만큼은 반드시 장만해야 한다고 생각한다. 이러한 결정은 우리 부부의 자산가치 상승에도 큰 도움이 되었다.

압구정동에 우리 집을 마련하다

2005년과 2006년, 300만 원으로 시작한 주식은 통통하게 살이 올랐다. 짧은 기간에 1,000만 원이 되고 증액 투자를 하면서 5,000만 원이 되었다. 이 5,000만 원이 우리 부부의 진짜 시드가 되어 주었다. 친구는 이 5,000만 원을 가지고 다른 주식으로 갈아타기를 권했다. 지금은 상장폐지된 회사로 풍력발전 관련 주식이었다. 이 회사 역시 500원짜리 동전주였다. 추천을 받았을 때가 1,300~1,500원대였다. 5,000만 원으로 주식을 매수하고 오르기를 기다렸다. 감나무 아래에서 감 떨어지기를 바라는 투자였다. 미련한 투자였으나 조력자가 있어 다행이었다. 지금 생각해보면 그저 운이 좋았다고 말할 수밖에 없다. 공부 없는 투자에서 수익실현을 했으니까.

주식은 가파른 상승을 거듭하면서 수익을 냈다. 1,500원에 산 주식은 곧 3,000원이 되었고 6,000원이 되었다. 주식 투자금 5,000만 원은 1억 원이 되었고 2억 원이 되었고 점점 커졌다. 단기간에 이루어진 일은 아니었고 2년 정도의 시간이 걸렸다. 정리해보면 1,500원하던 주식은 2년 동안 17,500원까지 올랐다. 10배 정도의 높은 수익률이었다.* 근로소득만으로 이런 수익을 올리기는 어렵다. 반드시 내 돈이 나가서 일하게 만들어야 한다. 그래서 투자가 반드시 필요하다.

2006년 9월 노무현 정부의 집값 잡기는 절정이었다. 그럴수록 주택가격은 치솟았다. 나는 천안에서의 생활을 졸업하고 싶었다. 부모님과 친구들이 있는 서울로 가고 싶었다. 천안 내 집 가격이 오르는 속도는 서울에 있는 집의 가격 상승 속도를 따라잡지 못했다. 매수하고 싶은 서울 아파트 지역을 정하고 주변 부동산들을 방문했다.

내 목표는 강남의 한강변 아파트 또는 강남에 가까운 한강변 아파트들이었다. 옥수동, 성수동, 압구정동, 청담동, 강남은 핵심지이고 그중 한강변은 요지 중의 요지였다. 부동산 투자의 1순위는 입지다. 그럼 2순위는? 입지다. 그럼 3순위는? 입지다. 내 눈에 입지로는 압구정이 최고였다. 교통이 편리했고 낡았지만 쾌적한 주거지였다. 언제가 될지는 모르지만 재건축 이슈도 있었다. 50층 고층 아파트로 재건축된다는 청사진도 돌았다. 교육 환경도 좋았다. 압구정이 자꾸 마음에 들었다.

내가 사려고 할수록 하루가 다르게 집값은 오르는 것 같았다. 압구정 30평대 아파트 가격이 10억 원을 넘었다는 뉴스가 나온 지 얼마 안 지났는데 11억 원을 호가하고 있는 중이었다. 조금만 빨리 마음을

● 주식이 크게 오르기도 했지만 많이 오른 구간에서는 매도하고 하락했을 때는 다시 매수하는 방식을 통해 큰 수익을 얻었다. 동시에 절약을 통해 계속 투자한 덕이었다.

먹었더라면 9억 원쯤에도 충분히 살 수 있었다고 생각하니 마음이 급했다. 갖고 있는 주식은 좋은 가격에 매도를 걸어두고 분할 매도를 시작했다. 그리고 방문했던 서울 부동산 중에서 전문적이고 친절한 부동산을 정해서 자주 방문했다.

마음에 드는 부동산을 만나기는 힘들다. 많은 발품이 필요하다. 나는 커피도 사가고 빵도 사가면서 친근감을 표시했다. 세상 모든 일은 타이밍이 아닐까? 주식매매대금이 1억 원 정도 되던 날이었다. 압구정동 부동산중개소에 전화를 걸었다. 그 당시 압구정동에는 매도 물건이 거의 없었다. 중개사는 말했다. "정말 매수하시려면 지금 당장 나오셔야 합니다. 압구정 전체에서 나온 물건이 구현대 하나, 신현대 하나뿐인데 다른 팀들이 좀 전에 보고 가셨고 저녁에 계약이 될 수도 있습니다." 홈쇼핑 방송 같지 않은가? 매진임박, 여러분! 지금 아니면 다시는 이 기회는 없습니다. 없어지기 전에 얼른 이 기회를 잡으세요! 가끔은 쇼호스트의 말을 믿어야 될 때가 있다.

남편에게 전화를 걸었다. 압구정동 부동산에 가야 한다고. 회사에 있던 남편은 나 모르게 가지고 있던 비상금 700만 원을 가지고 함께 부동산에 가주었다. 우리가 부동산에 도착했을 때는 거의 퇴근시간 무렵이었다. 중개인은 매도로 나온 집 주소를 주면서 우리한테 가보라고 했다. 자신이 같이 움직이면 소문이 나서 집값이 오른다고 했다. 압구정동을 보면 동호대교 남단을 기준으로 왼쪽 로데오쪽에는 구현대 아파트가, 오른쪽 가로수길쪽에는 신현대 아파트가 위치한다. 한강변 구현대 10차 매물과 한강변 신현대 11차 매물을 돌아보았다. 집

내부도 볼 수 없었고 외부에서만 볼 수 있었다. 내부를 보려면 집 주인에게 연락을 해야 하는데 많은 사람이 보러 오면 대부분의 집 주인들은 집값을 올린다고 했다. 매도자 우위의 시장에서는 자주 일어나는 일이었다. 나는 오늘, 지금이 아니면 영영 집을 못살 것 같았다.

구현대는 체비지*가 있다고 했다. 나는 한강변 아파트를 소유하겠다는 욕망에 불타올랐을 뿐 무지했다. 체비지가 뭔지 몰랐다. 본능적 느낌으로 좋은 건 아니구나 싶었다. 우리는 신현대를 골랐다. 계약을 위해 집 주인 어르신들이 나오셨다. 매매가는 11억 5,000만 원이었다. 안주인께서 요구사항을 말씀하셨다. 첫째, 시세보다 싼 2억 5,000만 원에 2년 전세로 거주하겠다는 것과 둘째, 매도금액 11억 5,000만 원에서 1,000만 원을 올려 달라는 조건이었다.

뭐라고? 갑자기 1,000만 원을 더 달라고? 나는 억울했다. 내 돈 1,000만 원을 벌려면 얼마나 고생을 해야 하는데. 갑자기 계약하기 싫었다. 얼굴에 웃음기가 사라져 가고 있었다. 그때 남편이 모든 조건을 수용하겠다고 했다. 그리고 가지고 간 비상금 700만 원으로 가계약을 했다. 다음 날 계약금으로 전체 매수금액의 10%를 보내고 2주 후 중도금을, 50일 후 잔금을 치르는 조건이었다. 주식을 매도하여 아파트 매수 금액으로 사용했다.

● **체비지** 토지 구획 정리 사업의 시행자가 그 사업에 필요한 재원을 확보하기 위해 환지換地 계획에서 제외하여 유보한 땅

2006년 추석은 10월 초였다. 우리가 계약한 날은 9월 말이었다. 추석 연휴 동안 만나는 사람들마다 제각각 부동산에 대한 논리를 펼쳤다. "떨어진다", "오른다" 정답은 아무도 모르지만 이렇게 여론은 형성된다. 추석 연휴가 지나고 우리가 잔금을 치를 때쯤 모든 부동산 중개소에서 싸움이 벌어졌다. 위약금을 주고라도 계약을 무효화하자는 매도자와 계약대로 하겠다는 매수자 사이의 싸움이었다. 추석 연휴가 끝나고 얼마 지나지 않아 집값이 2억 원 가까이 올랐으니 불가능한 일도 아니었다. 다행히 우리는 계약대로 매수를 진행할 수 있었는데 집 주인 어르신들께서 점잖으신 것도 한몫했지만 우리가 요구 조건을 바로 수용한 것이 주효했다.

매수자 우위의 시장에서 매수 가능하면 좋겠지만 매도자 우위 시장에서 매수를 해야 하는 시점이라면 매도자의 요구조건을 빠르게 수용하는 것이 좋다. 계약할 때 남편이 그 조건을 즉시 수용하지 않았다면 우리는 계약을 성사시키지 못했을 것이고 두 달이 채 지나지 않은 시점에 2억 원가량 상승하는 아파트 시장의 행운을 놓쳤을 것이다. 진심으로 사고 싶은 부동산이 있을 때는 생각보다 실행이 먼저다.

집을 매수하고 나면 세금과 부동산 중개수수료가 발생한다. 보통 중개수수료는 합의하에 지불하는데 대체로 거래 금액의 0.3~0.4% 정도다. 나는 압구정 집을 살 때 수수료를 최고요율 0.9%를 줬다. 그만큼 부동산에 무지했다. 부동산 중개인은 중개수수료가 상호 합의하에 결정된다는 것을 내게 말해 주지 않았다. 매번 사가지고 간 커피와 빵이 무력해지는 순간이었다. 내가 이 사실을 안 것은 몇 년이 지난 후였다. 후회해도 별 수 없다. 상투적 표현으로 아는 것이 힘이다. 공부하자.

우리는 2년 후 결혼 8년 만에 출산을 하고 압구정동의 우리 집으로 이사했다. 꾸미기 좋아하는 내 취향에 맞게 멋지게 인테리어 공사도 했다. 남겨두었던 주식으로 수익을 내기도 했다. 여기서 증권회사에 다녔던 친구는 어찌되었을까 궁금해 하시는 분이 계실지도 모르겠다. 나도, 친구도 높은 수익률을 얻었다. 나는 그 수익으로 집을 샀고, 친구는 그 수익으로 더 많은 주식을 매수했다.

2008년 9월 리먼 브라더스 사태*가 터졌다. 주식시장은 패닉이었다. 연일 최저가를 기록했다. 지금 친구는 신용불량자다. 나는 내 친구도 집을 샀더라면 파산하지 않았을 거라고 생각한다. 집은 내가 직접 거주하는 사용재로도 기능하고, 차익을 발생시키는 재화로도 기능한다. 급할 때는 집을 담보로 은행대출도 받을 수 있다. 집은 현물이기 때문에 사라지지 않는다. 나와 친구의 선택은 달랐기에 결과도 달랐다. 내가 가진 주식은 결국 상장폐지되었다. 친구는 많은 피해를 보았다. 나는 집이 있어 버틸 수 있었지만 친구는 그러지 못했다. 인생에서 어떤 선택을 하느냐에 따라 그 결과는 매우 다르다.

● **리먼 브라더스 사태** 미국 투자은행 리먼 브라더스Lehman Brothers가 2008년 9월 15일 뉴욕 남부법원에 파산보호를 신청하면서 글로벌 금융위기의 시발점이 된 사건이다. 당시 부채 규모는 6,130억 달러로 서브프라임 모기지 부실과 파생상품 손실에서 비롯되었다. 이는 역사상 최대 규모의 파산으로 기록되면서 전 세계 금융시장을 공포로 몰아넣었다

나는 이제 막 결혼한 친구나 지인들에게 이렇게 말하곤 한다. "제일 먼저 집을 사야 한다고!" 그 말을 잘 받아들여 실행한 친구들은 든든한 삶의 기반이 생겼고 이런저런 핑계로 행동하지 않은 친구들은 지금 불안해한다. 불안한 삶은 행복을 갉아먹는다. 이 글을 읽는 분들은 든든한 삶의 기반부터 꼭 먼저 챙기시길 바란다.

40대, 절반의 성공과 절반의 실패

압구정동 상가 투자

2008년 나는 엄마가 되었다. 아이의 모든 것은 내게 행복이었다. 내 집은 안락했고 일상은 평온했다. 나는 잠시 그 일상에 빠져 살았다. 아이가 커가는 것이 그저 좋았다. 그렇게 시간이 지났다.

2017년 압구정동에 구분상가를 샀다. 지하 100평짜리 상점이었다. 10억 원대에 매수했고 보증금 5,000만 원에 500만 원 월세였다. 이 상가를 사기 전에 여러 지역을 다녔었다. 성수동 서울숲 옆 3층 건물, 신사역 주변 건물, 청담동 다세대 건물. 우리가 가진 자산에 더해 일부 대출을 받으면 매수 가능한 물건들이었다. 하지만 남편의 대답은 모두 "NO"였다. 많은 대출을 부담스러워했다. 남편에게는 대출이었고 나에게는 레버리지였다. 같은 물건이 누군가의 눈에는 돌멩이로 또 다른 누군가의 눈에는 다이아몬드로 보이는 것이다. 지금 남편은 매우 후회하고 있다. 가격상승률이 현격히 다르기 때문이다. 우리가 이 상가를 사지 않고 성수동 건물이나 신사동 건물, 청담동 건물을 샀다면 지금 자산의 두 배는 되어 있을 것이다.

그 당시 우리는 고정적인 인컴이 생긴다는 것만으로 좋았다. 구분상가는 내가 원하는 만큼의 가격상승이 어렵다는 것을 몰랐다. 내가 아는 동네 상가였고 장사가 잘 되는 집이라 월세 연체 걱정이 없다는 점이 가장 큰 장점이었다. 그럼에도 불구하고 임차인은 월세 납입일에 월세를 제때 입금하지 않았다. 제 날짜에 임대료를 입금하면 장사가 잘되는 집이라 생각하고 임대료를 인상할 거라는 생각 때문이었다. 상가 투자는 어렵다. 언제 어떻게 상권이 바뀔지 모르고 한 번 바뀐 상권은 원상회복도 어렵다. 임대료 인상도 제한적이다(2년 계약 갱신 시 임대료 5% 인상 가능).

지금 생각하면 여러모로 잘하지 못한 투자였다. 고정적인 월세수입이 있어 안정적이기는 했지만, 시세차익이 크지 않다는 단점을 가지고 있는 투자였다. 리스크가 거의 없는 대신 수익은 적었다. 나의 투자 성향과는 조금 달랐다. 절반의 성공이었다.

우리는 투자의 눈을 길러야 한다. 그리고 대출 이자의 공포를 이길 능력을 길러야 한다. 예를 들어, 내 연봉이 1억 원이면 1억 원만큼의 레버리지를 일으킬 수 있다. 연봉 1억 원은 1년에 1억 원을 벌어들이는 부동산이 되는 셈이다. 나를 자산으로 레버리지를 일으키는 것이 중요하다. 우리는 대출이자의 공포로 이걸 못했다. 부동산 투자를 할 때도 결국 자신의 능력을 길러야 한다. 그 능력이 삶의 기반이 되고 그 기반으로 삶이 시작되기 때문이다. 자신이 가장 잘할 수 있는 무기를 가지고 있으면 무서울 게 없다. 자신에게 투자해야 한다. 나 자신이 가장 큰 자산이다.

부동산 법인 투자

2018년 부동산 법인을 만들었다. 나는 계속 부동산에 투자를 할 생각이다. 내가 벌어 내 가정에 도움이 되고 싶기 때문이다. 그러기 위해서는 법인 설립이 필요했다. 지금과는 달리 2018년에는 법인의 부동산 투자가 수월했다. 나는 법인으로 아파트에 투자했다. 개포동 대치 ○단지 14평을 6억 원대에 매수하여 10억 원이 조금 안 되는 금액으로 매도했다. 대치 ○단지는 리모델링 이슈가 있었다. 리모델링으로 아파트가 밸류업되면 수익을 볼 수 있을 것으로 판단하고 매수했지만 조합원들의 갈등으로 빠른 진행이 어려워 보여 매도를 서둘렀다. 상계동 주공 ○단지 24평도 매수하여 약간의 차익을 보고 매도했다. 흔히 '노도강'이라 불리는 노원구, 도봉구, 강북구의 주택 가격은 다른 지역에 비해 빠르고, 높은 매도가가 형성되지 않기 때문이다.

이 법인 투자는 나에게 절반의 성공이자 절반의 실패를 안겨 주었다. 개포와 상계, 따로 두 개의 투자가 아니라 더 유망한 지역 한 곳에 집중했다면 어땠을까 하는 후회가 있기 때문이다. 부동산 투자는 작게 쪼개면 안 된다. 투자하고 싶은 지역을 정하고 그 지역에서 가장 좋은 것을 사야 한다. 내가 두 개로 나누어 투자하는 동안 나의 지인은 한남동 한남더힐에 법인 투자를 하여 큰 수익을 냈다. 이렇게 어떤 선택을 하느냐에 따라 결과는 매우 다르게 나타난다. 다시 한번 말하지만 좋은 결과를 만드는 건 결국 공부다.

인천 청라 상가 투자

2019년 친하게 지내는 부동산에서 연락이 왔다. 청라에 대단위 개발 중인 곳이 있다. 그중 한 건물의 1층 구분상가 6개를 터서 대규모 ○○병원을 오픈하는데 분양받을 의향이 있냐는 투자를 권유하는 연락이었다. 10억 원이 못 되는 매매가였고 대출이 가능했다. 보증금 3,000만 원에 370만 원 월세였다. ○○병원이니 월세가 연체되는 일은 없을 것이고, 개발이 다 이루어지고 지역이 활성화되면 매매 차익도 발생할 것으로 예상했다. 그리고 6개 중 1개 호실 구분상가를 매수했다.

그러나 ○○병원은 무성의한 인테리어만 하고 영업을 시작했다. 심지어 의사는 의사협회와 분쟁이 있어 당분간 출근이 어렵다고 했다. 개원 후 몇 달이 지났지만 진료는 시작되지 않았고 렌트비는 연체였다. 이게 말로만 듣던 병원 선임대 분양사기 뭐 그런 건가? 새로 상가를 짓고 분양할 때 병원이 임차인으로 들어오면 안정적인 임차인인 병원을 보고 분양상가를 매수하는 심리를 노린 것이다. 그리고 높은 가격에 분양한다는 그 수법? 맞다. 나는 그 수법에 당한 것이었다.

청라 상가는 지금 공실이다. 임차인은 월세를 밀리면서도 나가지 않고 버텼다. 결국 변호사를 수임하여 명도했고 내 자금을 들여 상가를 원상복구했다. 한 번의 잘못된 선택이 이런 후폭풍을 불러왔다.

중개인이 권한다고 깊이 있는 공부 없이 부동산을 매수하면 안 된다는 교훈을 얻은 거래였다. 부동산 중개인 말을 다 믿지 말라. 뭐든 그렇지만 내가 아는 만큼 보인다. 부동산 투자의 경우 그 무엇보다 물건을 보는 눈이 중요하다. 내가 따져보고 공부해서 좋은 매물이라는 확신이 들어야 한다. 세입자가 그 월세를 감당할 수 있는 업종인지 파악하는 것도 중요하다. 나는 중개인의 말만 믿고 덜컥 매수를 하는 실수를 했다. 친한 것과 부동산 거래는 다르다. 내게 뼈아픈 교훈으로 남았다.

40대 후반, 또 다른 도전, 그리고 도전

미국 한 번 안 가고 미국에 집을 사다

2020년, 2019년 12월 시작된 코비드가 전 세계를 집어삼켰다. 모든 경제 활동이 멈추었고, 우리 삶의 풍경은 달라졌다. 정부는 집값 안정을 이유로 부동산 정책을 쉼 없이 쏟아내고 있었다. 연달아 발표되는 법령을 전문가들도 잘 모르겠다는 반응이었다. 이런 불확실한 상황에서 부동산을 매수할 용기는 없었다. 나는 가끔 네이버 카페 '부동산스터디'를 방문한다. 그곳은 정말 다양한 유저가 있는 카페라서 내가 보는 특정한 지역의 한정적인 정보보다 다각적인 소식을 알 수 있다. 물론 불필요한 글들도 매우 많다.

여론이 어떤가 싶어 카페 방문을 했는데 한 제목이 눈에 띄었다.

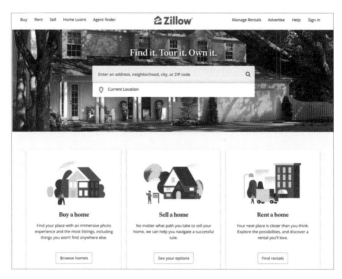

질로우 사이트

"미국 집 투자" 막연하게 그래! 이거다! 싶었다. 미국에 집을 사놓는 것도 좋은 투자가 되겠다는 생각이 들었다. 달러는 기축 통화로서 화폐 중 가장 안전한 자산이고, 나중에 아들이 유학을 가게 된다면 더 좋은 투자가 될 것 같았다. 혼자 미국 주택 구입에 대해 알아보던 중 한 부동산 법인에서 마련한 미국 부동산 투자 세미나에 참석하게 되었다.

미국 부동산 투자는 매력적이었다. 일단 미국은 취득세가 없었다. 100달러 정도만 내면 된다. 주택 수에 따른 중과세도 없었다. 그리고 시시각각 변하는 부동산 정책도 없었다. 취득 시 부동산 중개수수료도 없다. 심플했다. 오케이 고! 참석 후 바로 미국 부동산 매수를 시

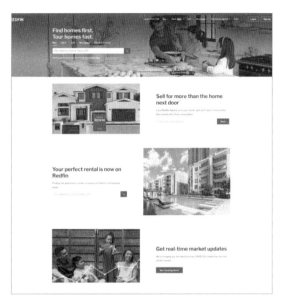

레드핀 사이트

작했다.

　친구들에게 말하니 사기만 당하지 말라는 반응이었다. 코로나19로 미국을 방문할 수도 없는 상황에서 미국 주택을 구입한다니 황당하다는 반응이 지배적이었다. 코로나19가 아니었어도 한국에서 미국 주택을 구입하는 건 진입 장벽이 높은 일이었다. 입 밖으로 말을 꺼냈으니 실행에 옮겨야 했다. 일단 넓고 넓은 미국에서 내가 매수할 지역을 정해야 했다. 미국 하면 뉴욕이지! 뉴욕의 집값을 살펴본다. 역시 학교! 하버드대학교가 있는 보스톤도 살펴본다. 미국에도 우리나라의 네이버 부동산이나 직방, 디스코 같은 사이트가 있다. 질로우

(www.zillow.com), 레드핀(www.redfin.com) 이다.

질로우와 레드핀을 통해 여러 지역의 부동산 가격을 파악하며 하나씩 알아가기 시작했다. 무언가를 처음 시작할 때 누구나 모르는 것 투성이다. 모르는 게 당연하다. 겁먹지 말라. 안 된다고 처음부터 자신의 한계를 정해 두고 시도조차 하지 않는 이들이 있다. 시도하지 않았는데 어떻게 결과가 있을 수 있을까? 내 땅을 갖고자 하는 마음, 그 마음을 잊지 않고 실행하는 것. 실패해도 나에겐 경험이란 자산이 남을 것이고 성공하면 내 땅이 생기는 것이다. 세상에 아무것도 하지 않고 그냥 일어나는 일은 없다. 벌써 '나는 영어가 유창하지 않아서 미국 집은 못 사겠구나' 하는 분이 있다면 겁먹지 말라. 나도 영어를 못한다. 그럼에도 불구하고 미국에 집을 샀고 팔아봤다.

우선 처음에는 전체적인 분위기를 파악하고 지역적 특색을 찾아보았다. 후보지였던 뉴욕은 세금이 매우 높았다. 보스톤은 주택 매매가 상승이 완만했다. 세금도 적당하면서 집값 상승폭이 높은 지역, 그리고 사람이 모여드는 지역을 찾아야 했다. 사람이 모여드는 곳에 돈이 돈다. '텍사스 주에 셰일가스 때문에 사람들이 일자리를 찾아 모여든다는데…', '오스틴은 어떨까?' 여러 궁리 끝에 우리가 선택한 지역은 워싱턴주 시애틀이었다.

시애틀은 미국 주택 가격상승 2위 지역이었다. 구글GOOGLE, 마이크로소프트Microsoft, 아마존Amazon, 보잉Boeing, 또 우리가 잘 아는 코스트코Costco 본사가 있는 지역이어서 인구 유입률이 높다. 따라서 거주 주택수가 부족해 집값 상승률이 높았다. 세계적인 IT기업이 있고, 서

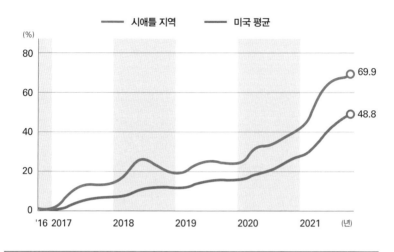

시애틀 주택 가격 추이

—— 시애틀 지역　　—— 미국 평균

(%)

80

60 ○ 69.9

40 ○ 48.8

20

0

'16 2017　2018　2019　2020　2021　(년)

자료: 시애틀 타임즈

울과 비교적 가깝고, 워싱턴대학교University of Washington가 있어 유학지
로도 좋은 곳이었다.

　우선 현지 리얼터(부동산중개인)를 찾았다. 물론 교포다. 유창한 한
국어를 구사한다. 영어에 울렁증이 있다고 겁먹지 말라. 뜻이 있는 곳
에 길이 있다. 목마른 자가 우물을 판다. 결핍은 나를 키우는 자양분
이다. 중요한 건 겁을 먹기보다 내 상상을 현실로 만들기 위해 시도
하는 것이다. 일단 시작하면 그 안에서 또 길이 보인다.

　매수 과정은 일사천리로 진행되었다. 리얼터가 매물을 카카오톡
으로 바로 보내준다. 주택에 대한 모든 정보와 사진, 3D 동영상으로
매물을 빠르게 스캔할 수 있다. 미국의 경우 동부에서 서부로 이사를

하려면 거의 이민 가는 수준이라고 한다. 동부에서 서부로 이주할 때 주택 매수를 위해 직접 방문하기 힘드니 이런 버츄얼메타가 일찍부터 발달해 있었다. 굳이 방문하지 않아도 집 투어가 가능한 시스템이었다.

시애틀에서 가장 좋은 지역은 벨뷰$_{Bellevue}$다. 모두가 살고 싶어 하는, 소득이 높은 지역으로 고가의 주택이 즐비하고 부촌이라 치안이 매우 우수하다. 그리고 학군이 좋다. 미국도 여지없이 명문 고등학교가 있는 지역은 집값이 비싸다. 벨뷰는 비쌌다. 나는 시애틀에서 가장 좋은 지역에 주택을 매수하고 싶었지만 한 발 물러나 벨뷰와 가까운 이사콰$_{Issaquah}$에 나온 매물을 매수하기로 했다. 리얼터가 매물리스트를 보내주면 바로 확인이 가능하다.

미국의 주택 구입 과정은 한국과는 많이 다르다. 매우 복잡한 구매 절차를 거친다. 복잡한 만큼 안전장치가 많다.

● 매수 1단계: 은행계좌 오픈(Bank Account Open)

2020년 3월 집을 구입하기 전에 은행에 계좌를 오픈해두어야 한다. 나는 리얼터에게 소개받은 은행에 계좌를 오픈했다. 계좌 오픈 관련한 서류를 메일로 받아 서명해서 보내면 인터뷰 날짜를 잡아주었다. 원래대로라면 직접 은행에 방문해야만 계좌를 오픈할 수 있지만 그때는 코로나19 상황이라 줌$_{Zoom}$으로 가능했다. 약속된 시간에 줌에 로그인을 하고 담당 은행직원의 질문에 대답하면 된다. 담당 은행직원은 나에게 여권을 보여 달라고 하면서 여권번호를 물었고 나는

2020년에 매수한 미국 시애틀 이사콰 지역의 주택

가격	$749,000
준공연도	1992년
건평	51평(1,810sqft), 대지 111평(3,951sf)
방	방 3개, 화장실 3개
예상 월 임대료	$ 3,200
관리비	초기 임대 비용 수수료 (한달치 임대료), 월 주택관리비는 월세의 8%(256달러) + HOA 관리비(83달러) + 고장 수리비
특기사항	집 전체를 리모델링했음, 편의시설이 잘 형성되어 있는 커뮤니티, 좋은 학군, 치안이 좋음

대답해주었다. 짧은 인터뷰가 끝나고 얼마 지나지 않아 미국 은행에 계좌를 열 수 있었다.

계좌가 오픈되고 집 구매 자금을 달러로 바꿔 미국 내 계좌에 입금을 시작했다. 가지고 있던 현금을 달러로 바꾸는 일이 쉽지 않았다.

코로나19로 달러가 오르기 시작했기 때문이다. 1,100원대였던 달러는 1,200원을 넘어 1,227원, 1,230원으로 치솟았다. 나는 조금이라도 환차손비용을 줄이기 위해 명동 달러환전소에서도 환전하기도 했다. 리스크를 줄이기 위해 한 번에 달러를 바꾸지 않고 매일 달러가격을 확인하고 환전했다. 각 개인마다 자신의 주거래 은행이 있을 것이다. 주거래 은행의 직원과 친하게 지내는 것이 좋다. 고객의 입장에서 성의껏 일을 봐주기 때문이다. 꼭 은행마다 있는 VIP 라운지의 고객이어야 VIP 대우를 받는 것이 아니다. 일반창구에서도 가능하다. 나의 태도가 나를 결정한다.

● 매수 2단계: 오픈하우스(Open House)와 오퍼(Offer)

매물로 나온 집은 주말에 오픈하우스를 하기 때문에 집 구경을 할 수 있다. 나는 코로나19로 미국 방문이 어려워 사진과 3D동영상으로 마음에 드는 집을 결정했다. 마음속으로 매수할 집이 정해지면 오퍼Offer를 한다. 오픈하우스는 누구든지 방문할 수 있다. 내 마음에 드는 집은 다른 사람 마음에 드는 경우가 많아 오퍼 경쟁이 붙는다.

내가 미국 주택을 매수한 시점은 매도자 우위 시장이었다. 리얼터는 매매가보다 높은 가격으로 오퍼해야 매매계약이 이루어질 거라고 했다. 쉽게 말해 사려는 사람이 많으면 금액을 더 올려 구매해야 한다. 나도 처음 오퍼 넣은 집은 떨어졌다. 한 번 떨어지니 어느 정도 감이 왔다. 좋은 집을 사려면 매수가를 높여 오퍼해야 하는 것이다. 내가 산 집은 6 : 1의 경쟁이었다. 처음 매매가는 749,000달러였다. 나는 가격을 조금 올려 786,000달러를 써냈다. 집 주인은 접수된 오퍼 제시 가격과 집 구매 능력, 대출 능력을 검토해 가장 마음에 드는 오퍼를 제시한 매수인과 부동산매매계약을 결정한다.

나의 경우 미국을 가지 않고 매매를 진행하는 것이라 리얼터의 역량이 중요했다. 내 담당 리얼터는 집 주인이 가지고 가려던 삼성세탁기와 건조기를 두고 가게 하는 현실적인 업무로 도움을 주기도 했다. 미국에서도 삼성세탁기와 건조기는 고가의 가전제품이라고 한다. 이제부터 집 구매가 본격적으로 진행된다.

● 매수 3단계: 에스크로 열기(Escrow Open)

집 주인이 오퍼를 수락하면 매매계약이 이루어진 것으로 간주되고 주택가격의 3~5% 정도를 계약금으로 보내면 에스크로가 오픈된다. 나는 외국인 신분이어서 10%의 계약금을 보냈다. 에스크로는 매수자와 매도자를 연결해주는 기관으로 매매과정에서의 모든 자금거래는 에스크로 회사가 개설한 계좌를 통해서만 이루어진다. 법적 중개 기관이 매도자와 매수자 사이에서 매매가 끝날 때까지 돈 관리를 하기 때문에 안전하고 정확한 거래 진행이 가능했다.

● 매수 4단계: 대출(Loan)

대출을 하려면 주택감정Home Appraisal을 해야 한다. 정확한 현재 시세를 알아야 대출이 가능하기 때문이다. 주택 감정을 할 때 홈 인스펙션Home Inspection이 진행된다. 쉽게 말해 집에 문제가 없는지 집 전반에 대한 안전검사다. 이때 중요하게 볼 점은 흰개미가 있는지 봐야 한다. 미국 집은 목재로 되어 있어 흰개미가 주택의 목재를 갉아먹는지를 확인해야 한다. 방치하면 목조를 다 갉아먹어 집이 무너질 수도 있다고 한다.

일련의 작업이 끝나고 본격적인 대출이 시작된다. 나는 외국인인 관계로 한국 내 모든 자산 내역을 요구했고, 은행거래 내역, 세금내역도 요구했다. 미국은 신용의 나라여서 내가 미국에 투자하는 자금이 불법적인 자금이 아니라는 증빙을 바랐다. 서류준비는 완벽했지만 나는 대출을 받을 수 없었다. 처음 대출이 가능하다는 은행에서 갑자기 대출 불가를 전한 것이다. 이유는 코로나19. 이 시기는 코로나19를 이유로 내세우면 모든 것을 수긍할 수밖에 없는 분위기였다. 결국 우리는 전액 현금으로 미국 주택을 구입했다.

● 매수 5단계: 클로징(Closing)

2020년 6월 에스크로에 주택매매자금을 모두 입금하면 소유권 이전 절차를 밟아 집 주인인 매도인은 매매자금을 받고 매수인은 집 문서와 집 키를 받고 주택매매의 절차가 완료된다.

● 매수 6단계: 임대(Rent)

우리는 방 3개, 화장실 3개인 시애틀의 싱글하우스 주인이 되었다. 이제 렌트만 마무리되면 두 다리 뻗고 잘 수 있다. 리얼터는 여러 임차인의 이력서를 보내주었다. 어디 회사에 근무 중이고, 연봉은 얼마이며. 가족과 애완동물 유무, 이 집을 렌트하고 싶은 이유 등이 기재되어 있었다. 심지어 이 집에 정말 살기를 원한다며 가족사진을 보내오는 가족도 있었다. 우리는 구글 엔지니어로 근무하는 헝가리 출신 가족과 예상 렌트비 3,200달러보다 높은 3,400달러에 계약했다. 구글에 근무하면 렌트비 연체는 없겠지 하는 마음이었다. 이제 달러로 월세를 받는다. 이렇게 나는 미국 한 번 안 가고 미국 집을 직구('직접구매'의 준말로, 보통 해외 온라인 사이트를 통해 직접 물품을 구매하는 것)했다.

미국 집을 매도하다

시애틀의 주택가격은 꾸준히 상승했다. 달러로 월세를 받는 일은 달콤했다. 차곡차곡 달러가 내 통장에 쌓였다. 이전 주인이 리모델링을 해둔 집이어서 수리비가 많이 들지 않았다. 뒷마당으로 나가는 나무로 된 작은 문이 낡았다고 교체를 원해서 그것만 수리해준 게 전부였다. 미국은 집 수리비가 많이 든다고 한다. 오래 전 나무로 지은 낡은 집들이 많아서 리모델링을 하지 않은 집을 구입할 경우 월세 수입보다 수리비가 더 든다고 말할 정도다. 수리비가 들지 않는 집을 구입한 덕분에 우리의 렌트비는 통장에서 무럭무럭 자라났다.

미국 은행직원과는 이메일로 연락을 했는데 10월의 어느 날 대출을 해주겠다는 메일이 왔다. 우리는 40,000달러를 대출해 다시 한국으로 가지고 왔다. 쉽게 얘기해 10억 원을 주고 집을 사고 4개월 후 5억 원 좀 안 되는 금액을 대출받았다. 렌트비로는 대출이자를 충당했다.

2021년 6월 1년간의 렌트 계약이 끝나고 200달러를 올려 다시 1년 렌트 재계약을 했다. 미국은 1년마다 렌트 계약을 다시 하는 것 같았다. 미국 집은 높은 상승률을 보였으나 한국의 부동산 상승률에 비하면 낮은 수준이었다. 그리고 보유세금과 관리비가 무척 높았다. 세금은 재산세로 1년에 한 번 납부하는데 주마다 다르지만 집값의 1~2%를 낸다. 세금이야 반드시 내야 하는 것이라 해도 관리비는 한국 정서와는 맞지 않는 부분이 있었다. 우선 1년마다 렌트계약을 갱신하는데 이때 한달치의 임대료가 부동산 수수료로 나간다. 그러면 11개월치 월세가 남는다. 여기서 매달 월 주택관리비가 월세의 8%, HOA 관리비가 100달러 정도 빠져나간다. 우리의 경우 매월 주택관리비 300달러 정도와 HOA관리비 100달러 정도 해서 약 400달러가 렌트비에서 고정적 관리비로 지출되었다.

내 눈으로 직접 볼 수 없으니 실감이 잘 나지 않았다. 자주 왔다 갔다 하면서 '저게 내 집이지!' 하는 성취감이 없었다. 미국 현지 상황을 잘 모르니 내가 드라이브할 수 있는 룸이 적었다. 리얼터가 제안하는 대로 끌려갈 수밖에 없는 구조가 되는 것이 마음에 들지 않았다. 미국 집을 매수하기로 결정했다면 꼭 현지 리얼터를 잘 만나야 한다.

2022년 초반 미국이 빅 스텝Big Step · 자이언트 스텝Giant Step*을 예고하면서 금리가 들썩이기 시작했다. 금리가 오르니 자연히 집을 사려고 했던 사람들이 움츠려들기 시작했다. 매매를 내놓으면 일주일 이내 매매되던 시애틀 주택시장이 조금씩 냉각되는 분위기가 감지되었다. 2022년 4월 우리는 여러 고민 끝에 미국 집을 매도하기로 했다.

● 매도 1단계: 리스팅 가격 결정

매도 목표 가격을 결정한다. 셀러마켓인지 바이어마켓인지 잘 살펴야 한다. 결국 부동산은 한국이든 미국이든 분위기다. 분위기를 잘 타야 한다. 우리의 목표가격은 130만 달러. 우리의 투자금 대비 100% 정도의 수익률이었다.

● 매도 2단계: 주택 판매 공고(Listing)

리스팅 가격을 정했으면 판매 공고를 낸다. 리얼터가 질로우나 레드핀에 올린다. 이때 주택의 사진과 3D 영상을 찍어 올리는데 깨끗하고 예쁜 집이 빨리 매매되기 때문에 대부분 홈 스테이징_{Home Staging}을 한다. 쉽게 풀이하면 집 꾸미기 정도다. 집을 매도하고자 수리나 리모델링을 하려면 예산이 많이 들기 때문에 적은 비용으로 주택의 가치를 올리는 홈 스테이징을 선호한다. 청소를 깨끗이 하고 가구를 다시 배치한다거나 각종 소품을 활용하여 집을 꾸민다. 동시에 홈 인스펙션을 한다.

● **자이언트 스텝** 국내 언론이나 증권사 리포트 등에서 미국 연방준비제도(Fed)가 물가 조정을 위해 기준금리를 인상하는 정책을 지칭하는 말로 사용하면서 널리 확산된 용어들이다. 빅 스텝은 기준금리를 0.5%포인트 인상하는 것을, 자이언트 스텝은 0.75% 포인트 인상하는 것을 가리키는 말로 사용되는데, 다만 이는 미국 현지 언론과 경제부처 발표에서는 사용되지 않는 우리나라에서만 통용되는 용어로 알려져 있다.

• 매도 3단계: 오픈하우스(Open House)와 오퍼(Offer)

매수할 때의 과정과 같다. 들어온 오퍼 중에서 제일 마음에 드는 금액과 조건을 제시한 매수자와 계약한다. 우리 집의 경우 금리 인상의 여파로 분위기가 급냉각되어 많은 오퍼가 들어오지는 않았지만 우리가 제시한 가격보다 높은 135만 달러에 계약했다.

• 매도 4단계: 에스크로 열기(Escrow open)

에스크로를 열어 계약금을 수령하고 계약을 진행한다.

• 매도 5단계: 클로징(Closing)

에스크로에 주택매매자금이 모두 입금되면 소유권 이전 절차를 밟아 주택매매의 절차를 완료한다. 미국은 주택을 매수할 때는 세금이 거의 없지만 매도할 때는 양도소득세를 낸다. 주마다 다르지만 워싱턴주는 1년 이상 보유 시 최고 15%, 1년 미만 보유 시 15~35%의 양도소득세를 낸다. 우리는 2년 보유로 양도차익의 10%를 세금으로 냈다.

그리고 중요한 부동산 중개수수료. 매수할 때는 중개수수료를 내지 않는 대신 매도 시에는 중개수수료를 내는데 매도자가 매수자의 수수료까지 내는 것이기 때문이다. 거래 금액의 3%씩 총 6%의 중개수수료를 낸다. 우리는 한 명의 리얼터와 매수와 매도를 진행했기 때문에 1%를 할인받아 5%의 수수료를 지급했다.

풀어서 설명하자면 10억 원짜리 미국 집을 매수하여 2년 보유 후 15억에 매도한 것으로 매수 후 4억 5,000만 원 정도의 금액을 대출

받아 일부 투자금을 회수하여 우리는 투자금 대비 100% 정도의 수익률을 얻을 수 있었다. 이렇게 나는 미국 한 번 가지 않고 미국 집을 사고팔았다. 모든 투자에는 아쉬움이 남는다. 이번 투자는 더욱 그랬다. 절묘한 타이밍에 사고팔아 차익을 남겼지만 수익이 크지 않았고 2020년 우리가 다른 선택을 했으면 어땠을까 하는 생각이 들기 때문이다. 그러나 여전히 나는 또 다른 도전을 꿈꾼다.

2023년의 도전은 건물주!

나만 몰랐다. 2020년 코로나19 시작 이후 2021년을 거치며 서울의 건물들은 전례 없는 상승률을 기록했다. 코로나19로 움츠려 있던 시기에 누군가는 새로운 도전으로 발전해나가고 있었다. 우리는 건물 투자에 대해 신중하게 생각해보기 시작했다.

건물의 경우 아무리 작은 꼬마빌딩이어도 수십억 원대의 가격을 형성하고 있다. 또 지난 2년여 동안 많이 올랐다. 그러나 나는 공부하며 때를 기다릴 것이다. 다시 도전이다. 더군다나 늦었다고 생각하면서 따라잡기 위해서는 더 큰 용기가 필요하다. 모든 도전에는 리스크가 있고 용기가 필요하다. 나는 다시 용기를 내볼 것이다.

나는 남들이 흔히 말하는 아줌마, 가정주부다. 부동산으로 학문적인 연구를 한 것도 아니고, 전문서적을 탐독한 적도 없는 평범한 사람이다. 부동산 투자를 먼저 경험한 것뿐이지 내가 아는 건 남들도

다 알 것이고… 안 되는 이유들이 넘쳐났지만 용기 내어 나의 이야기를 써본다. 내 이야기가 누군가에게 전해져 긍정의 자극이 되길 기대한다. 이 글을 쓴 이유는 '나를 따라 해라!'가 아니다. '나와 함께 하자!'다. 어떤 사람도 나와 똑같은 방식으로 나와 똑같이 할 수는 없을 것이다. 이 글이 긍정적인 자극이 되어 '나도 해보겠다!'라는 동기부여를 하는 것, 그것에 이 글의 가치를 두고 싶다. 시작에 겁먹지 마라. 도전을 즐기면 좋겠다. 나와 함께 하자. 두려움을 깨고 도전하여 모두가 성공을 맛보시길 바란다.

PART 7

30대 직장인의 소액으로 건물 사기

by **32년 100억**

투자의 시작은
내 집 마련으로

재테크에는 여러 가지 종류가 있다. 주식, 비트코인, 채권, 달러, 부동산 등 이 중에서 여러분이 택한 재테크 수단이 부동산이라면, 거기에 만약 무주택자라면 투자의 시작은 내 집 마련(가능하면 아파트)을 목표로 하길 권한다. 이런 말을 하면 "그거 몇 억은 있어야 하는 거 아니야? 난 지금 그럴 돈이 없어", "집값이 너무 비싸"라는 말을 하는 사람이 대부분이다. 하지만 할 수 있다고 믿고 방법을 찾는다면 불가능한 일은 없다.

'내 집'이란 '내 명의로 된 집'을 말한다. 내 집에서 꼭 내가 살 필요는 없다. 이렇게 생각을 바꾸면 여러 가지 선택지가 생겨난다. 우선 집값이 비싼 서울을 고집할 필요가 없어진다. 내 자금 사정이 허락되는 지역 중 미래 가치가 있는 곳에 투자하면 된다. 돈이 부족할 때는 전세를 주고 차액만큼만 투자하는 갭 투자도 가능하다(나는 전세 제도가 무이자 대출을 가능하게 하는 최고의 레버리지 방법이라 생각한다). 첫 투자를 내 집 마련으로 했으면 하는 이유를 세 가지만 더 말하자면 다음과 같다.

난이도가 쉽다

제일 먼저 아파트 투자는 난이도 면에서 쉽다. 실거래 시스템으로 인해 정확한 시세 파악이 가능하기 때문이다. 내가 땅, 건물, 상가 투자를 하면서 가장 어려웠던 점은 과연 이 물건이 싼지 비싼지를 판단하는 것이었다. 상가나 토지의 경우 밸류맵, 디스코 등 실거래 내역을 제공하는 시스템이 존재하지만 사례가 매우 적고 가격이 들쭉날쭉해서 정확한 시세 파악이 힘들다(상가의 경우 위치에 따라 같은 건물 내에 있더라도 가격이 50% 이상 차이나는 것도 많다). 하지만 아파트의 경우 정확한 실거래 시스템이 적용되며 같은 단지라면 가격에 큰 차이가 없기 때문에 시세파악이 용이하여 초보자가 접근하기 쉽다. 팁을 하나 주자면 관심 지역을 정하고 그곳의 실거래가를 꾸준히 추적해보자. 정확한 시세를 알고 있으면 기회가 왔을 때 빠른 의사 결정을 할 수 있다. 나한테 좋은 물건은 남한테도 좋다. 미리 준비하지 않으면 결코 좋은 물건을 잡을 수 없다. 건물 투자도 마찬가지다. 정확한 시세 파악 및 빠른 의사 결정은 좋은 물건을 잡기 위한 필수 능력이다.

환금성이 좋다

누구나 내 한 몸 누일 집은 있어야 한다. 아파트의 경우 필수재로 보기 때문에 내가 좀 손해 보더라도 시세보다 싸게 내놓으면 어지간하면 팔린다. 그러나 건물이나 토지는 다르다. 건물이나 토지는 있으면 좋지만 없어도 사는 데 큰 지장이 없다. 이렇다 보니 상황이 급해 시세보다 싸게 내놓는다 하더라도 쉽게 거래가 되지 않는다. 설상가상으로 같은 지역이라도 입지에 따라 개별성이 크고 가격이 천차만별이라 잘못 매입할 경우 큰돈이 묶일 수 있다.

내 지인의 경우 신규 분양 상가를 잘못 샀음을 깨닫고 처분을 위해 11억 원에 매입한 상가를 9억 원에 내놓았으나 팔리지 않아 고생한 적이 있다. 그러니 환금성이 좋은 아파트로 시작해서 어느 정도 투자의 감을 잡고 다른 영역으로 확장해 나가는 걸 추천한다.

비과세가 가능하다

현재 정부 규제로 인해 다주택자에 대한 막대한 세금이 부과되지만 여전히 1주택에 대해서는 비과세 적용이 가능하다. 막상 투자를 시작하고 물건을 매도해보면 알겠지만 세금이 참 어마어마하다. 아파트를 제외한 나머지 부동산들은 대부분 4.6%의 취득세를 내야 하며 양도세를 포함하면 대략 이익금의 40~50% 정도를 세금으로 내야 한다(대략적인 숫자임을 참고 바란다).

무주택이라는 자격은 이러한 막대한 세금에서 자유롭다. 너무나도 소중한 자격이다. 이토록 소중한 자격을 가지고도 이용하지 않는다면 너무나 아깝다. 만약 당신이 무주택자라면 반드시 첫 투자는 아파트라는 내 집 마련으로 시작하길 권한다.

내 집 마련에서
상가 투자까지

첫 투자, 내 집 마련

내 첫 투자의 시작도 아파트였다. 사실 투자라기보다는 내가 살 집을 마련하자는 생각이었다. 먼저 책과 영상을 통해 기본적인 지식들을 쌓았다. 이후 내가 가진 자본금으로 가능한 지역을 선별하고 향후 발전 가능성이 높은 곳 위주로 임장했다. 자본이 부족하다 보니 서울의 경우 아파트뿐만 아니라 빌라, 아파텔까지 알아보았고 경기도는 아파트 위주로 검토했다. 분양가의 10%만 있으면 중도금 대출이 가능하고 잔금을 치러야 하는 날짜까지 시간을 벌 수 있는 청약도 열심히 넣었다. 청약 신청을 하더라도 막연하게 '언젠간 당첨되겠지' 하는 마음으로 무작정 넣어서는 안 된다. 조금이라도 당첨 확률을 높이기 위해 전략적 접근이 필요하다.

나는 신혼 부부였기 때문에 청약 점수가 낮았다. 당시 84㎡ 이하의 아파트는 100% 점수로 당첨자를 선정했기 때문에 이런 곳에는 지원하지 않았다. 대신 점수와 상관없이 당첨이 가능한 대형 평수 위주로 지원했다(당시 84㎡ 초과 아파트의 30~50%는 점수와 상관없이 추첨으로 당첨자를 선정했다). 나는 수십 번의 탈락 끝에 청약에 당첨되었고 부모님의 만류에도 불구하고 계약을 진행했다. 당시는 문재인 정부 초기로 집값 안정화를 위한 규제가 계속해서 발표되던 시절이었다. 주변에 정부의 말을 믿고 집을 매도하는 사람들이 꽤 있었고 청약 경쟁률도 지금처럼 심하지 않았다.

해당 아파트는 감일 지구에 있는 아파트로 40평에 분양가는 7억원이었다. 감일 지구는 송파구 바로 오른쪽에 위치한 신도시로 3호선 연장, 서울-세종 간 고속도로 IC, 거여 마천 재개발 등 호재가 많은 지역이었다. 그동안의 임장을 통해 이 정도 지역에 40평대 신축 아파트가 7억 원이면 저렴하다는 확신이 있었기에 나는 부모님의 만류에도 불구하고 계약을 진행했다.

약 5년이 지난 지금 이곳의 호가는 분양가의 3배 정도로 형성되어 있으며 지하철이 착공되면 추가 가격 상승이 예상된다. 이런 이야기를 하면 분명 "넌 운이 좋았지", "시기가 좋았지", "지금은 불가능하다" 등의 말을 하는 사람들이 있다. 물론 틀린 말은 아니다. 하지만 아무것도 하지 않으면 아무것도 변하지 않는다.

모든 자산이 하락하고 있는 지금이 공부에 최적기라 생각한다. 당장 투자를 하지 않더라도 지금부터 준비하고 공부해야 다가오는 기회를 포착하고 잡을 수 있다. 모든 투자에는 사이클이 존재한다. 사람들이 공포에 질려 아무것도 하지 못할 때 누군가는 큰 부를 쌓는 기회로 본다는 사실을 반드시 기억하기 바란다.

나를 성장시켜준 뼈아픈 실패

나의 뼈아픈 실패 경험과 그 과정에서 배운 점들을 소개하겠다. 과거 실패를 복기하며 중간 중간 배운 점들을 삽입했다. 흐름이 끊기는 게 불편한 독자는 배운 점 부분을 스킵했다가 다시 한 번 읽기를 추천한다. 이 책을 읽는 사람들은 나와 같은 고통을 겪지 않기를 간절히 바란다.

앞에서 소개한 내 집 마련의 꿈을 이룬 나는 열심히 월급을 모아 대출을 갚으며 노후 준비를 하는 평범한 직장인의 삶을 살고 있었다. 그러던 어느 날 친한 직장동료 A군이 커피 한 잔 하자며 사무실로 찾아왔다. A군은 자기가 현재 경매 공부를 하고 있고 돈이 될 것 같다며 같이 한 번 해보자고 제안했다. 당시 회사일과 육아에 지쳐 있던 나는 어느 직장인이 그렇듯 "시간이 없다", "돈이 없다"는 핑계로 제안을 거절했다.

그로부터 약 6개월 뒤 우연히 만난 A군은 그간의 성과에 대해 말해주었다. 오피스텔 2개를 낙찰받았으며 약 140만 원의 월세 수익이 있고 시세 대비 4,000만 원 정도 싸게 매입했다는 이야기였다. 더욱 놀라운 건 보증금을 포함하면 오피스텔 2개에 들어간 투자비는 3,000만 원이 채 되지 않았다. 공매로 싸게 낙찰받았기 때문에 80% 이상 대출이 가능했으며 보증금까지 받으니 가능했다고 했다. A군은 이렇게 하나 둘 상업용 부동산을 모아 월세 수익이 월급 이상이 되면 퇴사할 생각이라는 말도 했다.

나는 뒤통수를 세게 한 대 맞은 느낌을 받았다. 그동안 '어떻게 하면 회사를 오래 다닐까?', '딸이 대학교 갈 때까지는 버텨야 하는데…'라는 생각을 하며 하루하루 살아가고 있었다. 이런 내게 회사라는 감옥을 탈출할 수 있는 길이 생긴 것이다. 만약 금수저에 특출난 동료가 그랬다면 모르겠지만 나와 전혀 다를 것 없는 동료가 그 길을 가고 있다 하니 나도 할 수 있을 것 같은 자신감이 생겼다. 당시 다주택자 규제가 심하던 때라 아파트보다는 현금 흐름 창출 및 규제가 없는 상가에 매력을 느꼈고 그쪽을 공부하기 시작했다. 아파트 투자의 성공 경험이 있었기에 상가 투자 또한 잘할 수 있다는 막연한 자신감이 있었다.

● 절대 자만해서는 안 된다

첫 번째 배운 점은 투자는 절대 자만해선 안 된다는 것이다. 아무리 과거의 투자가 성공적이었다 해도 한 번의 실수로 큰 손실을 볼 수 있는 것이 부동산 투자다. 대부분 레버리지를 사용하며, 투자 금액이 크기 때문이다. 따라서 항상 겸손하고 작은 것도 끝까지 검토하는 자세가 필요하다.

처음 상가 공부를 시작했을 때는 정말 새로운 세계를 알게 된 기분이었다. 지하철 입구에 따른 사람들의 동선 변화라든가 입지에 따른 업종의 구성 등 평생 생각해본 적도 없는 것들에 대해 알게 되었다. 이쯤 되니 나도 내 명의의 상가를 하나 갖고 싶었다. 내 상가에 유명 프랜차이즈가 들어오는 생각만 해도 너무나 행복했다.

상가 매입을 위해 매일 부동산 경매를 검색했다. 경매를 통해 상가를 싸게 낙찰받을 경우 대출 가능 금액이 크며 보증금까지 받으면 적은 돈으로 투자가 가능하기 때문이다(실제 내가 매입한 상가 중에는 투자금이 한 푼도 들어가지 않은 상가도 있다. 뒤에 이 일화를 소개하겠다). 나는 몇 번이나 경매 입찰을 했지만 패찰했다. 저금리에 부동산 분위기가 좋았던 시기라 예상 가격보다 훨씬 높은 금액에 낙찰되었기 때문이다. 힘들게 조사하고, 몇 번씩 임장을 가고, 심사숙고하여 입찰가를 적어낸 뒤 패찰했을 때의 그 허탈함은 경험해보지 않은 사람은 모를 것이다.

이후 경매로는 내가 원하는 수익률의 상가를 살 수 없다고 생각했고 부동산을 돌며 급매물을 찾기 시작했다. 그러던 어느 날 마음에 쏙 드는 상가를 하나 찾았다. 화성시 신도시, 약 5,000세대 아파트에 둘러싸인 항아리 상권의 상가였으며 코너 자리 2층으로 가시성 및 접근성이 모두 뛰어났다. 특히 그동안 내가 배운 이론들을 대입해봤을 때 단점이 전혀 없어 보였다.

• 이론과 실전은 다르다

두 번째 배운 점은 이론과 실전은 다르다는 것이다. 이론은 이론일 뿐이다. 물론 투자를 함에 있어 기본적인 판단 기준을 세우기 위해서는 이론적인 공부가 필요하다. 하지만 상가의 경우 개별성이 강해서 이론과 맞지 않는 경우가 허다하다. 상가 투자를 할 때 이론은 안 좋은 물건을 걸러내는 용도로 사용해야 하며 실제 투자는 반드시 현장을 방문하고 그곳에서 답을 찾아야 한다는 사실을 기억하기 바란다.

나는 그때 당시 즐겨보던 유튜버 강사에게 상가 강의를 듣고 있었고 내가 찾은 물건을 보여주며 조언을 구했다. 강사님은 아주 좋아 보인다며 그 물건에 투자해보면 어떻겠냐고 권유했다. 나는 물건과 사랑에 빠졌다. '그동안 내가 잘 공부했구나' 생각하며 믿고 따르던 강사님이 좋다고 말한 물건이니 틀림없다는 생각을 했다.

• 그 누구도 맹신하면 안 된다

세 번째 배운 점은 투자에 대해서는 그 누구도 맹신하면 안 된다는 것이다. 아무리 유명한 강사여도 세상 모든 물건에 대해 알지 못한다. 나는 그저 수많은 수강생 중 한 명일 뿐이며 내가 가져온 물건도 수백 개의 물건 중 한 개라는 것을 기억해야 한다. 그 강사는 그 자리에서 단순히 지도만 보고 판단을 내릴 수밖에 없고, 아무리 유능한 강사여도 모든 현장에 대해 다 알지 못한다. 앞서 말했듯 부동산 투자의 답은 모두 현장에 있다. 그 물건에 대해서만큼은 실제 임장을 가고 시세조사를 하고 상권을 분석한 나 자신이 가장 정확하다는 사실을 기억하기 바란다.

혹시나 그 사이 팔리지는 않을까 조바심이 생긴 나는 처음 물건을 본 지 1주일 만에 무려 2칸, 7억 5,000만 원짜리 상가에 계약금을 넣었다. 첫 투자인 만큼 작게 하는 게 좋지 않겠냐는 주변의 만류에도 불구하고 욕망에 사로잡혀 2칸이나 계약을 해버린 것이다.

• 조바심을 내서는 안 된다

네 번째 배운 점은 물건과 사랑에 빠져 조바심을 내서는 안 된다는 것이다. 물건과 사랑에 빠지면 객관적인 평가가 불가능해진다. 내일이라도 당장 팔릴 것 같고 놓치기 싫은 마음이 들면 다시 한 번 제3자의 입장에서 물건을 바라보는 습관을 길러야 한다. 물건에 집착하기 시작하면 가격 협상에서도 불리하며 매도자의 의도대로 끌려 다니게 된다. 조급한 마음이 들 때는 '세상에 좋은 물건은 많고 나의 투자금은 부족하다'라는 이 사실을 반드시 기억하기 바란다. 그간의 경험을 돌아보면 내 물건이면 어떻게든 내게로 오고 떠날 물건이면 어떻게든 떠난다. 그러니 조바심을 버리고 최종 결정 전에는 반드시 제3자의 입장에서 생각해보는 습관을 기르자.

심지어 그 상가는 신도시 분양 상가로 공실인 상태였다. 나는 임차를 맞출 자신이 있었다. 임차인을 구할 시간을 벌기 위해 잔금은 7개월 뒤로 잡았다. 그렇게 자신만만하게 계약했던 상가는 내 눈에 씌인 콩깍지가 벗겨지면서 슬슬 민낯이 드러나기 시작했다. 한 달 두 달이 지나도록 공실을 벗어나지 못했고 임차에 대한 문의는 없었다. 슬슬 공포감이 밀려왔다. 밤에 잠도 잘 오지 않고 하루 종일 상가 생각만 났다. 이대로 있어서는 안 되겠다는 생각이 들었다. 나는 공실을 탈피하기 위해 뭘 할 수 있을지 생각했다. 할 수 있는 방법을 리스트로 작성하고 행동으로 옮기기 시작했다.

- 입점 제안서를 만들어 유망 프랜차이즈에 메일을 보내고 전화로 입점 제안을 했다.
- 해당 지역 부동산뿐 아니라 차로 20분 거리에 있는 부동산까지 약 300군데에 물건을 뿌렸다.
- 부동산에 내가 원하는 임대차 조건을 제시하고 해당 조건을 맞춰줄 경우 2배의 복비를 주겠다고 제안했다.
- 프랜차이즈 박람회에 참석하여 내가 가진 상가를 홍보하고 가맹주가 있을 경우 연락을 부탁했다.
- 각종 부동산 카페, 피터팬의 좋은방 구하기, 직방 등 홍보가 가능한 부동산 사이트에 주기적으로 물건을 업로드했다.

평소 모르는 사람에게 부탁하는 것을 극도로 싫어했던 나에게는 너무나 힘든 시간이었다. 프랜차이즈 상담원이 귀찮다는 느낌의 답변을 하는 경우가 다수였으며, 주소도 물어보지 않고 연락을 주겠다고 하는 경우도 많았다. 물건지와 거리가 먼 부동산까지 연락을 돌리다 보니 냉대하는 곳이 대다수였다. 누가 갓물주라 했던가. 나는 슈퍼 을이었다. 매번 잘 부탁한다는 말을 하기 일쑤였다. 심리적으로 많이 힘들었지만 확실히 효과는 있었다. 전혀 울리지 않던 핸드폰에서 하나 둘씩 임차에 대한 문의가 들어왔다. 두려움이 점점 줄어들고 할 수 있다는 희망이 생겼다.

● 걱정만 하고 있어서는 아무것도 변하지 않는다

다섯 번째 배운 점은 걱정만 하고 있어서는 아무것도 변하지 않는 다는 것이다. 걱정을 하는 시간은 우리들의 문제에 하등 도움이 되지 않는다. 걱정은 걱정을 낳고 결국 끝없이 증식할 뿐이다. 바뀌는 것 없이 시간만 흐른다. 대부분의 걱정은 두려운 마음에 현실을 회피하 는 과정에서 생겨난다. 막상 걱정의 원인을 직시하고 내가 할 수 있 는 일이 뭔지 고민하다 보면 생각보다 문제가 쉽게 해결되는 경우가 많다. 걱정되는 일이 있을 때는 종이에 걱정을 모두 적고 내가 해결 할 수 있는 것과 해결할 수 없는 것으로 나눈 뒤 당장 실행할 수 있는 것부터 하나씩 해보길 추천한다. 그러면 대부분의 걱정에서 벗어날 수 있을 것이다.

수십 건의 문의가 왔으나 정작 계약을 하자는 사람은 없었다. 그렇 게 7개월의 시간이 흐르고 잔금일이 다가왔다. 임차를 맞추지 못한 나는 계약금을 포기할지 우선 계약을 하고 버틸지를 고민했다. 조언 을 얻고자 투자해보라고 추천했던 강사님께 메일을 썼다. 감사하게 도 자신이 한 말에 책임을 지겠다며 현장에 다녀와 답변을 주겠다고 말했다. 며칠 뒤 강사님께 연락이 왔고 대답은 '미안하다'였다. 자신 이 미리 현장에 가보고 말을 했어야 했는데 예전 기억으로만 답변을 했다며 막상 현장에 가보니 입지는 좋지만 주변에 공급이 너무 많아 임차를 맞추기가 쉽지 않을 것이라 했다. 누구를 원망하랴. 선택은 내가 한 것이다. 나는 강사님께 답변해주셔서 감사하다며 전화를 끊었다.

상황이 이렇다 보니 점점 계약금을 포기하는 방향으로 생각이 기울었다. 취득세와 공실에 따른 관리비 이자까지 생각하면 계약금을 포기하는 것이 낫다는 결론에 도달한 것이다. 고민 끝에 나는 계약금을 포기하겠다고 말했다. 매도자는 한 달의 추가 시간을 줄 테니 마지막으로 고민해보라고 했다. 나는 '기왕 이렇게 된 거 끝까지 할 수 있는 건 다 해보자'라는 생각이 들었다. 한번 계약금을 포기할 생각을 한 터라 두려울 게 없었다. 먼저 기존 임대료보다 15%를 낮춰 물건을 내놓았고 매주 현장에 들러 부동산에 방문했다. 입점 제안서를 인쇄하여 현장에서 뿌렸고 매일 카페에 글을 올리고 물건을 홍보했다. 이렇게까지 하고 나니 속이 후련했다.

내가 할 수 있는 일은 다 했다는 느낌이 들었다. 이제 잔금일까지 2주일, 반쯤 포기하고 있던 내게 한 통의 전화가 걸려왔다. 자신이 직접 한의원을 할 생각인데 매도할 의사는 없냐는 것이었다. 계약금 포기까지 생각하고 있던 나는 매도 의사도 있다고 말했다. 매수자는 분양 가격에서 5,000만 원을 할인해 준다면 당장 계약하겠다고 말했다. 나는 고민에 빠졌다. 포기하고자 했던 계약금이 7,500만 원이었기에 5,000만 원을 할인해 주더라도 2,500만 원의 손실을 줄일 수 있었다.

하지만 이번 투자에서 수많은 협상을 하며 느낀 점은 살 사람은 어떻게 해도 사고 안 살 사람은 안 산다는 점이었다. 나는 3,000만 원까지는 네고가 가능하지만 더 이상은 불가능하다는 의견을 밝혔다. 배짱을 부리긴 했지만 정말 하루하루 괴로웠다. 2,500만 원이라는 돈은 나에게 엄청 큰돈이었고 '당장이라도 전화해서 계약하자는 말을 할까?'라는 생각을 수없이 했다. 하지만 내가 조급한 모습을 보인다면 될 것도 안 된다는 사실을 알고 있었기에 참고 참았다. 그리고 3일 뒤 매수자에게 내가 제시한 조건에 계약하자는 연락이 왔다. 도장 찍는 날까지 매일 불안에 떨었으나 결국 무사히 계약을 마칠 수 있었다. 비록 7개월의 시간이었지만 그동안 내가 살아오며 겪었던 그 어떤 일보다 많은 것을 배웠다. 마치 이 일을 기점으로 이전의 나와 새로운 내가 나뉘어 버린 느낌이었다.

투자금 제로,
상가 매입기

투자 실패 후 같은 실패를 반복하지 않기 위해 많은 것들을 했다. 투자의 실패가 빨리 부자가 되고 싶다는 조급한 마음 때문이라는 생각에 자기계발서를 수십 권 읽었다. 그와 동시에 매일 경매지를 보며 투자할 물건을 찾고 일주일에 한번은 반드시 임장을 가는 것을 목표로 삼았다. 그러다 보니 나름의 투자 원칙들이 생겨났다.

현재가 아닌 미래를 보고 투자한다

지금 유망한 곳이 아닌 유망해질 곳을 선별하여 투자해야 한다. 이전에는 현재 좋은 상권 중에서 시세 대비 싼 물건을 사는 것에 집중했다면 이제는 없던 지하철이 생기거나 새로운 대단지 아파트가 들어서다든가 하는 별 볼일 없던 지역 중 좋아질 곳을 찾는 것에 집중한다. 이러한 지역에 투자할 경우 당장 부동산 경기가 좋고 나쁜 것은 크게 중요하지 않다. 결국 미래에 좋아질 시점을 보고 투자한 것이기 때문에 당장의 가격 변동에 민감하지 않으며 마음 편한 투자를 할 수 있다. 마음이 편한 투자, 부동산 투자의 가장 큰 장점이라 생각한다.

물건을 가리지 않는다

공부를 하다 보니 모든 부동산 투자는 종목에 상관없이 서로 연관되어 있다는 생각이 들었다. 가령 내가 재개발 지역의 빌라를 구입하려 임장을 갔다고 가정해보자. 너무 좋은 입지라 기대감을 가지고 갔으나 이미 급등하여 투자하기에는 부담스러운 상태다. 그럼 여기서 포기하고 돌아올 것인가? 만약 내가 상가에 대한 지식이 있다면 재개발 구역에는 포함되지 않았지만 재개발에 따라 앞으로 좋아질 위치의 상가를 미리 선점할 수 있다.

이렇듯 여러 영역의 부동산에 대한 지식을 쌓아놓으면 복합적인 검토가 가능하다. 언젠가 반드시 쓰일 날도 온다. 경매의 경우도 특정 물건만 보다 보면 한계가 있다. 또한 힘들게 임장 간 김에 더 많은 물건을 보고 검토하고 오면 좋은 것이 당연하다. 따라서 물건을 가리지 말고 보고, 최대한 내가 습득할 수 있는 지식들을 모두 흡수한 후 현장으로 나가자.

무리한 투자는 하지 않는다

아무리 수익률이 좋더라도 무리한 투자는 하지 말아야 한다. 부동산은 쉽게 사고 팔 수 없는 재화인 만큼 버틸 수 있는 힘이 중요하다. 소위 말하는 영끌을 하여 투자할 경우 시장 변동에 따라 내가 원하지 않아도 물건을 처분해야 하는 상황이 올 수 있기 때문이다. 그런 상황에서는 처분이나 되면 다행이다. 시장이 안 좋을 때는 매도가 잘되지 않으며 최악의 경우 경매로 넘어간다. 이마저도 시황이 좋지 않기에 매우 낮은 금액에 낙찰된다. 그동안 힘들게 모아놓은 자산을 전부 날리게 될 수도 있다. 아무리 수익률이 좋고 욕심이 나더라도 내가 감당할 수 있는 투자만 해야 한다.

매수하고 싶은 지역을 미리 선정하고 꾸준히 임장한다

좋은 물건을 잡기 위해서는 매수하고 싶은 지역을 미리 선정하고 꾸준히 임장해야 한다. 주변 시세를 꼼꼼히 파악하고 머릿속에 그 동네 지도가 그려질 정도로 임장하라. 그래야 좋은 물건이 나왔을 때 빠른 의사 결정이 가능하다. 나에게 좋은 물건은 남한테도 좋아 보이는 법이다. 물론 조급한 마음을 가져서는 절대 안 되지만 미리 검토했고 확신이 있는 지역이라면 중요한 사항만 체크한 후 재빨리 의사

결정을 하자. 진정한 행운은 준비된 자만이 얻을 수 있다.

앞으로 변화할 지역은 어디인가? 고민에 고민을 거듭한 결과 수도권의 낙후된 지역들을 찾기 시작했다. 낙후된 지역일수록 변화되는 폭이 클 것이라 생각했고 지금은 전혀 좋아 보이지 않기 때문에 좀 더 싸게 살 수 있을 거라 생각했다. 위치는 수도권에 한정했다. 향후 인구가 감소할수록 인프라가 잘 되어 있는 수도권으로 더욱 밀집될 것이라 생각했기 때문이다(물론 서울이 사고 싶었지만 자금이 부족했다).

이와 같은 조건들로 필터링한 후 지역을 물색한 결과 수도권이면서 재개발이 가장 많은 인천이 보였다. 특히 도원역 근처는 금송구역, 전도관구역, 송림3구역 등 재개발 사업이 활발하며 전부 완공될 경우 약 1만 세대 이상의 아파트가 들어설 예정이었다. '지금은 아파트 하나 없는 곳에 재개발 구역만 5개라니! 거기에 세대수도 많다니! 여기다!'라는 확신이 들었다.

이후 이 지역을 타깃으로 부동산을 공부하며 알게 된 친구 두 명과 셋이서 매주 임장을 갔다. 처음 임장을 갔을 때는 정말 이런 곳에 사람이 사나 싶을 정도로 낙후되어 있었다. 일부 재개발이 진행되고 있는 지역들은 주민들이 이주하여 폐가가 많았다. 건물은 1960년대에 지어진 낡은 건물이 대부분이었으며 10층 이상의 건물은 전체 지역에 단 1개밖에 보이지 않았다. '이런 곳에 투자하는 게 맞나?' 하는 생각이 수없이 들었다. 하지만 결과적으로 성공적인 선택이 되었다.

성공적인 투자를 위한
노하우

아무 지역에 임장 가지 않는다

'아, 이런 곳을 사야 하나?'라는 생각이 들면 좋은 지역이다. 투자를 하기 위해 임장을 갈 때는 아무 지역에나 가지 않는다. 이 넓은 땅을 모두 돌아다닐 수는 없는 법이다. 시간과 돈이 부족한 우리는 개발 예정지를 찾고, 투자 가치가 있다고 판단이 서면 그때 임장을 간다. 개발 계획을 조사하고 임장을 가지만 막상 현장에 가보면 개발 중인 곳이라는 느낌이 전혀 안 오는 경우가 대부분이다. 토지의 경우 아무 것도 없는 논과 밭인 경우가 대부분이며 재개발지는 이주 철거로 인해 유령도시 느낌이 난다. 대부분의 사람들은 이런 현장을 보고 나면 '아, 이런 곳을 이 돈을 주고 사야 하나?'라는 생각을 한다.

인천 도원역 주변 10층 상가 꼭대기에서 찍은 주변의 모습. 모두 오래된 단층 건물들만 있는 것을 볼 수 있다.

하지만 조금만 다르게 생각해보자. 공부를 하고 가치가 있다는 걸 알고 온 나도 그렇게 생각할 정도라면? 보통 사람들은 투자할 엄두도 내지 못할 것이다. 다시 생각하면 그만큼 싸게 살 수 있는 기회라는 것이다. 앞으로 확실하게 개발될 계획이 있는 지역이지만 아직 전혀 개발 분위기가 나지 않는다면 오히려 기뻐해야 한다. 아직 늦지 않았다는 반증이기 때문이다.

부동산에서도 평소 보지 못하던 외지인 그것도 젊은이들 세 명이 투자할 물건을 찾기 위해 왔다고 하니 경계의 눈초리로 바라보았다. '다른 부동산의 알바생 아니냐', '물건을 뺏으러 온 것 아니냐' 등 온

갖 의심을 했다. 아마 재개발이 활발한 지역이라 물건 확보를 위한 부동산 간의 경쟁이 심한 듯했다. 이러한 모든 점이 나에게는 기회처럼 느껴졌다. 보면 볼수록 이곳의 가능성에 확신이 생겼고 시간이 날 때마다 부동산을 방문했다. 처음에는 경계의 눈으로 보던 부동산과도 매주 마주하다 보니 친분이 생겼고 하나 둘 물건을 소개받을 수 있었다.

그러던 어느 날 한 부동산에서 급매라며 상가 물건을 하나 보여줬다. 전용 면적 70평짜리로 매매가는 2억 원이라고 했다. 평소 그 동네를 계속 돌아다녔기 때문에 시세를 알고 있었고 전용 70평에 2억 원이면 매우 싼 가격이었다. 우리는 바로 물건지로 향했고 당일에 계약하겠다고 말했다. 우리가 생각하는 해당 상가의 현재 가치는 3억 원정도였고 미래에는 5억 원 이상 받을 수 있다는 확신이 있었다. 현재 기준으로 보수적으로 잡아도 월 150만 원의 임대료는 받을 수 있을 것이라 판단했고, 수익률 6%로 계산하면 딱 3억 원이 나온다. 향후 재개발이 완료되어 1만 세대의 신규 아파트가 들어서면 최소 월 250만 원 이상은 받을 수 있다고 생각한다. 특히 그 지역에 딱 1개 있는 고층건물의 10층이기에 희소성도 있었다. 위치도 시장 입구 근처의 오거리 중심지로 매우 좋았다.

향후 이 지역이 더 발전하면 신규 상가를 지을 수밖에 없는 핵심지였다. 재개발이 완료되고 아파트가 입주할 시기가 되면 분명 신축 건물의 상가들이 들어설 것이다. 그때쯤이면 건축비 및 지가 상승으로 인해 많은 사업비가 필요할 것이고 기존 구축 상가들보다 높은 가격으로 분양될 수밖에 없다. 그런 측면에서 볼 때 가격적 메리트 또한 생길 것이라 판단했다. 마지막으로 화룡점정은 대출이었다. 대출을 위해 은행에 문의하니 탁상감정 평가 금액이 4억 원이 넘게 나오는 곳도 있었다. 매매가 2억 원짜리 물건에 감정평가가 4억 원이라니! 듣도 보도 못한 경우다. 경매에서도 이만큼 싸게 사기는 힘들다.

이쯤 얘기하면 '그렇게 좋은 상가를 저 사람은 왜 이리 싸게 팔아?'라는 의문이 생길 수 있다. 하지만 상가에 대한 히스토리를 들어보면 왜 그런지 이해가 될 것이다. 우선 3년 가까이 임차인과 법적 분쟁이 있었다. 그동안 임대료는 한 푼도 받지 못했고 법적 분쟁이 끝난 뒤에는 쭉 공실이었다. 계약 면적 기준 115평이니 관리비도 월 70만 원 이상은 나왔을 것이다. 거기에 대출이 2억 8,800만 원이 있었으니 월 이자까지 하면 매월 약 200만 원 정도의 고정비가 나갔을 것이다. 거기에 법정 분쟁에 따른 변호사 비용까지 포함하면, 빨리 처분하고 싶은 매도자의 마음이 어느 정도 이해가 되었다.

공실을 두려워해서는 안 된다

좋은 상가를 구하기 위해서는 공실을 두려워해서는 안 된다. 앞에서도 말했지만 투자를 할 때는 현재를 보고 판단해서는 안 된다. 비록 당장은 낙후되었고 공실이지만 변화될 미래를 생각해야 한다. 추가로 입지와 임차인을 분리해서 생각해야 한다. 아무리 입지가 좋은 곳도 임차인이 능력이 부족하면 장사가 되지 않는다. 반대로 입지가 별로여도 슈퍼 임차인의 능력 덕에 장사가 잘되는 곳도 있다. 그러니 상가의 가치를 판단할 때는 임차인을 배제하고 오로지 입지로만 판단해야 한다. 지금 잘하고 있는 그 임차인은 언제 나갈지 모른다. 현재 임차인이 나가도 새로운 임차인을 쉽게 구할 수 있는 입지인지. 거기에 초점을 맞추고 판단해야 한다.

계약하겠다는 의사를 밝히자 매도자는 2억 원에 팔려니 손해가 너무 커 1,000만 원만 더 올려달라고 요구했다. 사실 우리에게 1,000만 원은 그리 큰 의미가 없었다. 향후 5억 원 이상의 가격으로 매도할 물건에 1,000만 원 정도 더 올리는 것은 별 타격이 되지 않았다. 그러나 바로 매도자의 제안을 수락할 경우 매도자가 변심할 수 있기에 500만 원만 올려 계약하자고 제안했다.

아무리 마음에 들어도
급한 티를 내지 말라

실제로 매도자의 요구사항을 너무 쉽게 들어주면 물건을 철회하는 경우가 종종 있다. 인간의 심리가 그렇듯 상대방이 너무 급한 티를 내면 '내가 너무 싸게 내놓았나?', '가격을 더 받을 수 있지 않을까?'라는 생각을 하게 된다. 아무리 물건이 마음에 들더라도 급한 티를 내서는 안 된다. 조급한 마음을 들키면 협상 내내 끌려다닐 수밖에 없다. 어차피 나에게 올 물건이면 어떻게 해도 오고 안 올 물건이면 어떻게 해도 안 온다. 그리고 이런 마음으로 접근해야 물건을 살 수 있는 확률이 조금이나마 올라간다. 너무 조급해 하지 말자. 세상에 물건은 많다. 돈이 없을 뿐이다.

매도자는 절대 2억 1,000만 원 이하는 안 된다고 못 박았고 우리는 조건을 수락했다. 그도 그럴 것이 해당 상가의 근저당만 2억 8,800만 원이었다. 매도를 하더라도 대출금도 못 갚는 상황이었다. 계약 당일 매도자는 부부가 함께 왔는데 아내분께서 이 계약을 꼭 해야겠냐며 남편에게 화를 냈다. 팔아도 빚도 못 갚는 가격에 매도하는 게 말이 되냐며 길길이 날뛰었다. 우리는 최대한 매도자의 기분을 맞춰주며 계약을 이끌어나갔고 무사히 계약을 마칠 수 있었다(이런 상황에서 작은 것에 집착하면 계약이 파기될 수 있다. 매도자의 분위기가 안 좋다면 최대한 맞춰주는 자세를 취하는 게 좋다).

위에서 말했듯 감정 평가 금액이 4억 원이 넘게 나왔기 때문에 대출은 2억 원 가까이 받을 수 있었다. 매매가격 2억 1,000만 원에 대출 2억 원. 여기에 임대를 맞출 경우 보증금 3,000만 원까지 받으면 실제 들어간 투자금은 0원. 취득세와 중개수수료를 제외하더라도 약 1,000만 원의 잉여금이 생긴다. 실제 들어간 현금이 없기에 수익률로 따지면 무한대가 된다. 내 돈 한 푼 들이지 않고 매달 임대료를 받는 셈이다.

"이런 경우는 드물지 않은가? 이건 그냥 운이 좋아서 그랬던 것 아닌가?"라고 생각할 수 있다. 물론 운이 좋았다. 그러나 그 운을 잡기 위해 나는 매주 임장을 갔다. 유망 지역을 선정하고 그중에서도 사람이 모이는 핵심지를 선별하여 물건을 조사했다. 매주 임장을 갔기 때문에 주변 시세를 정확하게 파악할 수 있었고 물건이 싼지 비싼지를 빠르게 판단할 수 있었다. 물건을 보자마자 바로 계약 의사를 밝혔다. 나중에 알고 보니 우리가 임장을 간 날이 물건이 나온 날이었다. 시간을 끌었다면 우리에게 기회가 오지 않았을지 모른다.

운이란 노력하는 자에게만 주어지는 신의 선물이라고 생각한다. 로또도 사야 당첨이 되는 것이다. '돈이 없어서', '회사가 바빠서' 등 안 될 이유를 찾는다면 수없이 많다. 하지만 안 될 이유만 찾고 포기한다고 해서 바뀌는 것은 없다. 뭐라도 해라. "어제와 똑같이 살면서 다른 내일을 기대하는 것은 정신병 초기 증상이다"라는 아인슈타인의 명언이 있듯이 더 나은 미래를 살기 위해서는 어제와 다른 삶을 살아야 한다. 나는 전혀 잘난 게 없는 30대 중반의 평범한 직장인이다. 내가 했다면 여러분도 할 수 있다. 아직 갈 길이 멀지만 매일, 오늘, 지금, 할 수 있는 일이 무엇일지 생각하며 하루하루 살고 있다. 이렇게 한 걸음씩 꾸준히 가다보면 결국 내가 원하는 목적지에 도달할 수 있을 거라 믿는다. 여러분도 큰 목표를 세우고 그것을 향해 한 발짝 한 발짝 걸어가는 행복을 느끼시길 간절히 바란다.

30대 평범한 직장인, 건물주 되다

처음 인천 지역을 임장한 이유는 건물을 사기 위해서였다. 상가 매수에 돈이 들어가지 않았기 때문에 아직 추가 매수의 여력이 있었다. 어느 정도 지역에 대한 이해가 있었기에 우리는 좀 더 좋은 물건을 찾기 위한 전략을 세웠다. 우리가 사용했던 물건 찾는 방법과 임장 꿀팁을 소개하겠다. 물건을 조사하면 어디서부터 조사해야 할지 막막하고 부동산 문을 여는 것조차 두려운 독자에게는 좋은 팁이 될 것이다.

지역을 선정하고
핵심지가 될 곳을 선별하여 물건을 조사

먼저 향후 발전 가능성이 많은 지역들을 선별한다(구 단위). 나 같은 경우 꾸준히 부동산 뉴스를 챙겨보며 개발 호재(예를 들면, 대기업이 새로운 공장을 짓는다거나, 지하철역이 새로 생긴다거나, 신규 IC가 개통된다거나 하는)를 추적하거나 부동산 앱을 통해 현재보다 거주 인구가 늘어날 지역(재개발, 재건축, 지식산업센터 신축 등)을 조사하는 방법을 사용하고 있다. 특정 지역을 정했으면 지도를 펼쳐 개발 계획이 있는 곳을 표시한다. 그리고 그 지역 중에 어떤 점이 핵심지가 될 것인지를 생각해 본다. 핵심지의 기준은 사람이 모이는 곳. 결국 어디로 사람들이 이동할 것인지, 어디서 소비가 일어날 것인지를 중점적으로 검토한다.

지역 부동산을 방문,
내가 찍은 점 근처의 물건을 요청

보통 처음 부동산에 가면 대부분 "이 지역에 물건 나온 거 없나요?" 이렇게 질문하는 경우가 많다. 우리가 방문하는 부동산의 사장님들은 대부분 그 업계에서 잔뼈가 굵으신 분들이다. 그분들은 우리의 질문 수준만 봐도 우리 실력이 어느 정도인지 단박에 안다. 그동안 임장을 가서 그런 질문을 했다면 호구로 보거나 속으로는 무시했을 확률이 높다. 부동산을 방문했을 때 가장 중요한 것은 내가 정말 이 지역에 물건을 사러왔다는 느낌을 주는 것이다. 단순히 시세 조사 하러 왔다는 느낌을 줘서는 안 된다. "사장님, 이쪽이 개발되어 저는 여기가 앞으로 좋아질 것처럼 보이는데 여기 물건 나온 것 없나요?" 라고 질문해보자.

이 질문 하나로 내가 이 지역을 어느 정도 공부했고 정말 구매할 마음이 있어 방문했다는 느낌을 줄 수 있다. 그리고 만약 정말 사고 싶은 건물이 있다면 물건이 나와 있지 않더라도 부동산 사장님에게 그 건물을 사고 싶다고 말해보라. 간혹 부동산 사장님의 능력으로 거 래가 성사되는 경우가 있으며 거래가 되지 않더라도 그 요구 하나로 나는 당장이라도 거래를 할 준비가 된 사람으로 보일 수 있다. 부동 산 사장님도 결국 사람이다. 좋은 물건이 나오면 바로 사줄 것 같은 사람에게 먼저 오픈하기 마련이다(좋은 물건은 빠르게 거래가 되기 때문에 다른 부동산에 뺏기지 않기 위해 빠른 의사결정을 할 수 있는 사람에게 먼저 물건 을 소개하는 경우가 많다).

● 그 지역의 핵심 부동산을 찾는 방법

지역을 다니다 보면 지역마다 대장 부동산들이 있다. 회사일도 잘 하는 사람에게 일감이 몰리듯 부동산 중에도 동네 대장 부동산에 좋 은 물건이 몰린다. 이런 대장 부동산을 찾는 방법에는 여러 가지가 있는데 내가 주로 쓰는 방법은 두 가지다.

하나는 인터넷으로 손품을 판다. 인터넷에 있는 부동산 플랫폼들을 검색해보면 물건을 많이 가지고 있는 부동산들이 있다. 그런 부동산의 리스트를 정리하고 그 부동산을 중심으로 동선을 짠다.

다른 하나는 임장 지역의 장사하는 분들에게 물어본다. 가끔은 그 동네에서 가장 오래된 부동산이지만 인터넷 광고를 안 하시는 분들이 있다(대부분 나이가 많으신 분들이며 인맥을 통해 장사하신다). 동네 사람들의 자식 숫자까지 다 알고 있어 굳이 인터넷 광고를 안 해도 손님이 있는 경우로 나이가 드셔서 인터넷을 사용할 줄 모르시는 분도 있다(아직도 수첩에 물건을 기록해놓고 중개를 하시는 분들도 많다).

이런 분들을 찾는 가장 확실한 방법은 동네 사람들에게 물어보는 것이다. 내가 사고 싶은 지점 근처에서 장사하는 분들에게 가게를 구하러 왔다고 하고 어느 부동산으로 가면 될지 물어보자. 몇 번만 물어보다 보면 공통적으로 말하는 부동산이 나온다. 그게 그 동네 대장 부동산이다. 물론 모르는 사람에게 말을 걸고 부탁하기란 심적인 부담이 생기는 일이라는 것 잘 알고 있다. 나 역시도 그랬다. 하지만 그럴 때마다 보도 섀퍼의 《멘탈의 연금술》에 나오는 "처음이 힘들다", "하다 보면 익숙해진다"는 말을 주문처럼 외우며 시장 조사를 했다. 이렇게 발로 뛰어 얻은 정보는 그만큼 얻기 어렵기에 큰 도움이 되는 경우가 많다. 항상 기억해야 할 점은 나한테 쉬우면 남한테도 쉽다는 것이다. 쉬운 것만 찾아서는 좋은 물건을 찾을 수 없다. 명심하자.

● 부동산 사장님께 인간적으로 다가가자

부동산 사장님도 사람이다. 앞에서 말한 방법으로 좋은 부동산을 찾았다면 사장님의 마음을 사기 위해 노력하자. 처음 방문해서 안면을 텄다면 다음에는 음료수도 사고, 점심시간이라면 밥도 함께 먹자. 물론 그 과정이 불편한 건 알고 있다. 하지만 나에게 잘해주는 사람에게는 뭐라도 하나 주고 싶은 법이다. 만약 당신이 사장이고 좋은 매물이 접수되었다면 당신은 누구에게 그것을 주겠는가? 잘 생각해볼 필요가 있다.

우리는 사람이 모일 곳이 어디인지 고민했다. 지도에 재개발 예정지를 표기하고 사람들의 이동 경로를 생각해보니 어디에 사람이 모일지가 보였다. 우리는 부동산에 방문하여 그 지점 근처에 물건이 있는지를 물었다. 이미 어느 정도 안면을 튼 사이이기 때문에 처음만큼 어렵지는 않았다. 그렇게 몇 개의 물건을 받았고 그중에 입지가 가장 좋다고 생각되는 곳의 물건을 조사하기 시작했다. 아직 개발이 되지 않은 허름한 동네의 메리트일까? 상업지임에도 불구하고 토지 가격이 평당 2,000만 원 정도였다. 매일 서울만 보던 내게는 싸게 느껴졌다. 그러나 서울에 비해서 싸게 느껴진 것일 뿐, 실제로 싼 것인지에 대한 확신이 필요했다.

그 건물에 대해 간략하게 얘기하면 대지 17평에 3층짜리 건물로 오거리 상업지에 위치하고 있다. 매매가는 3억 5,000만 원, 현재 임대료는 보증금 1,000만 원에 월세 90만 원으로 야채 가게와 커피숍이 영업하고 있고 3층은 공실이었다. 우리는 이 건물의 미래 가치를 평가할 방법에 대해 고민했다. 나중에 개발이 완료된 후 얼마에 매도할 것인지에 대한 계획이 있어야 투자할지 말지 의사결정을 할 수 있기 때문이다.

나의 투자 원칙

부동산 투자를 할 때는 예상 매도 시점과 매도 가격을 반드시 정하고 투자하라. 가끔 건물 투자하는 사람들을 만나보면 대부분 현재 시세 대비 싼지 비싼지를 먼저 생각한다. '주변 평당 가격이 얼마인데 이 가격이면 싸다'라는 관점에서 접근하는 사람들이 대부분이다. 물론 그런 관점이 잘못됐다는 생각은 아니지만 만약 당신이 나와 같은 30대라면 저런 식으로 투자해서는 안 된다. 시세보다 싸게 산다면 손해를 보지는 않겠지만 그래서 언제 팔 것인가? 얼마에?

나는 투자를 할 때는 정확한 매도 시점과 목표 가격이 있어야 한다고 생각한다. 막연히 '시세보다 싸게 샀으니 오르겠지' 식의 투자는 '나무에서 감이 떨어지겠지'라며 기다리는 사람과 다를 게 없다. 30대는 대부분 시드머니가 적다. 눈덩이를 키우기 위해서는 눈덩이를 가만히 둬서는 안 된다. 정확한 엑시트 계획이 없다면 당신의 소중한 돈이 묶일 수 있다.

고민 끝에 우리는 기본에 충실하자는 생각을 했고 도달한 결론은 수익률이었다. 상업용 건물의 가치는 수익률을 기본으로 한다. 가치 판단의 기준을 세우자 방법이 보였다. 먼저 수익률을 계산하기 위해서는 임대료 산정이 필요했다. 현재 수익률은 3% 수준으로 매우 낮았다. 그렇다면 향후 재개발이 완료된 시점의 임대료는 얼마가 될까? 이 답을 찾을 수 있다면 이 건물의 미래 가치를 추정할 수 있다고 판단했다. 생각보다 정답은 가까이에 있었다.

우리는 재개발이 완료된 시점의 도시를 그려보았다. 그리고 그것과 최대한 비슷한 지역들을 조사하기 시작했다. 약 12,000세대의 신축 아파트가 있는 신도시, 그곳의 핵심지라면 1층 평당 임대료는 얼마인가? 서너 곳 정도 후보지를 선정하고 임장을 갔다. 서너 곳 정도 돌아다녀 보니 신도시 임대료에 대한 감이 생겼다. 그것을 바탕으로 미래 임대료를 예측해보았다. 전용 평당 15만 원은 받을 것 같았다. 현재 총 3층 건물에 1층 전용 면적은 약 15평, 그렇다면 1층 월세만 225만 원, 2층, 3층까지 더한다면 보수적으로 350만 원은 받을 수 있어 보였다. 이것을 수익률 4%로 계산하면? 약 11억 원 정도 된다. 이 물건의 매매가는 3억 5,000만 원이었다. 약 3배 이상의 가치 상승이 예상되는 건물이었다. 우리는 바로 계약 날짜를 잡았다.

그러나 역시나 막상 계약하려고 보니 매도인은 현재 장사하고 있는 임차인이 3억 8,000만 원을 제시했다며 기다려보라고 했다. 판다는 걸 그저 산다고 했을 뿐인데 매번 쉽게 성사된 적이 없다. 하지만 다르게 생각하면 그만큼 좋은 물건이라는 뜻이기도 하다. 앞에서 얻은 교훈으로 우리는 조급해하지 않았다. 당장 임차인보다 더 비싼 가격에 사겠다고 말하고 싶었지만 참았다. 오히려 건물의 하자를 잡으며 3억 3,000만 원으로 가격을 깎자고 제안했다. 가격을 올리기 위한 매도자의 술수였을까? 아니면 정말 산다고 했던 임차인이 매수 의사를 철회한 걸까?

며칠 뒤 3억 5,000만 원에 계약하자는 연락을 받았다. 우리는 건물의 하자를 들며 지속적으로 네고를 요청했고 결국 3억 3,500만 원에 계약할 수 있었다. 미래 가치 약 11억 원이 예상되는 건물을 훨씬 더 저렴한 가격에 구매한 것이다. 은행에 대출을 문의한 결과 감정가와 매매가가 같았고 대출은 2억 5,000만 원을 받았다. 실제 들어간 돈은 취득세 포함 1억 원이 되지 않았다.

이렇게 우리는 건물주가 되었다. 건물은 토지의 가치 상승 효과와 월세 수입을 동시에 얻을 수 있는 아주 좋은 투자 상품이다. 그러나 대부분의 사람들은 돈이 없다는 이유로 지레 포기한다. 또는 코로나로 인해 이미 자산이 급등해 살 수 있는 타이밍을 놓쳤다고 말한다. 우리가 이 건물을 언제 계약했는지 아는가? 3년 전? 5년 전? 아니다. 2022년 3월에 계약했다. 대지 17평, 매매가 3억 3,500만 원, 평당 2,000만 원에 거래했으며 대출은 2억 5,000만 원을 받았고 이율은 5.6%, 실제 투자금은 기타 부대비용 포함 1억 원 정도 들었다. 불과 반년이 좀 넘었지만 현재 주변 호가는 평당 3,500만 원 정도이고 우리 건물보다 입지가 조금 떨어지는 곳이 최근 평당 2,500만 원에 거래되었으니 부동산 경기가 꺾인 것을 감안해도 보수적으로 잡아 약 30%, 1억 원의 시세 차익은 충분히 발생한 상태다.

이쯤에서 아마 의문이 들 것이다. 어떤 변화가 있었기에 불과 몇 개월 만에 30%나 가격이 상승했을까? 그것도 부동산 불경기인 이 시기에? 2022년 3월과 지금 시점의 차이는 재개발 단지 한 곳이 이

주 철거를 마치고 펜스를 친 것 밖에는 없다. 단순히 펜스만 친 게 무슨 의미가 있냐고? 보통 사람들은 의심이 많다. 눈에 보이기 전에는 믿지 않는 경향이 있다. 다들 아파트가 들어설 것은 알고 있지만 공사를 시작하기 전까지는 별 감흥이 없다. 그러다 막상 공사를 시작하면 아파트가 지어지는 것이 눈에 보이면 단순한 기대감은 기정사실화된다.

이후 주변 낡은 건물이 철거되고 새로운 도로가 생기고 지저분했던 거리가 깔끔해지면, 그 전에는 낙후된 달동네 같던 도시가 신도시처럼 변한다. 이쯤 되면 누가 봐도 사고 싶은 비주얼을 갖추게 된다. 부동산의 가격 상승은 이렇게 이루어진다. 아마 2026년 아파트가 완공되고 입주를 시작할 때까지는 꾸준한 지가 상승이 있을 것이다. 우리는 아파트 완공 시점 즈음을 매도 시점으로 잡고 있다. 이래도 늦었다고 할 것인가? 건물은 아파트와는 다르게 개별성이 강하다. 아무리 부동산 시장이 안 좋아도 오를 곳은 오른다.

나는 금리가 상승하고 경기가 안 좋아도 전혀 불안하지 않다. 나의 투자 원칙대로 무리한 투자를 하지 않았으며 미래를 보고 샀기에 지금 가격은 크게 중요하지 않다. 나는 그저 내 돈이 스스로 일할 것을 믿고 하루하루 충실히 살아갈 뿐이다. 이번에 또 느꼈지만 하고자 한다면 어디에든 길은 있다. 지금처럼 부동산 분위기가 좋지 않다면? 오히려 싸게 살 수 있는 기회로 보고 환호를 질러야 한다. 대중들과 반대로 행동하면 돈을 벌 수 있다는 말도 있지 않은가.

일단 자신이 당장 뭘 할 수 있는지 생각해보라. 그것은 공부일 수도 있고 종자돈 모으기일 수도 있다. 중요한 것은 당장 시작하는 것이다. 똑같이 저축을 하더라도 목표를 가지고 하는 것과 그냥 하는 것은 하늘과 땅 차이다. 오늘 하루 할 수 있는 일을 하고 자신을 믿고 노력한다면 누구나 건물주가 될 수 있다.

누구나 할 수 있다

이 책을 읽는 사람, 특히 건물주가 되고 싶다고 생각하는 사람들에게 꼭 하나 해주고 싶은 말이 있다. "건물주는 특별한 사람이 되는 것이 아니다. 누구나 될 수 있다"는 말이다. 나는 평범한 30대 직장인으로 2016년 자본금 4,000만 원으로 시작하여 현재 아파트, 상가, 땅, 건물을 포함해서 약 40억 원의 자산을 가지고 있다. 이는 순수하게 월급과 재테크로만 이루어낸 결과이며 남들은 모르는 특별한 노하우가 있었던 것은 아니다. 그저 할 수 있다고 믿고 성공한 사람들의 노하우를 그대로 따라했을 뿐이다.

하지만 여기까지 오는 길이 그저 평탄하지만은 않았다. 직장을 다니며 공부했기에 항상 시간이 부족했다. 주말이면 어린 딸아이를 두고 임장을 가는 마음이 편치 않았다. 설상가상으로 처음 매수한 상가에서는 잘못된 판단으로 인해 3,000만 원의 손해를 보았다(이때 나를 나무라지 않고 옆에서 응원해준 아내에게 진심으로 감사의 마음을 전한다). 포기하고 싶은 순간도 많았지만 예전처럼 무기력한 직장인으로 하루하루

버티며 주말만 기다리는 삶으로 돌아가고 싶지 않았다. 목표를 향해 가는 길이 힘들긴 하지만 그것 자체로 행복하다. 이 행복을 공유하고 싶다.

이 책이 나와 같이 무기력한 삶을 살고 있는 평범한 직장인들에게 한줄기 희망의 빛이 되길 바란다. 나는 능력에 비해 많은 것을 얻었다고 생각한다. 여기에는 분명 '운'이라는 감사한 신의 선물이 존재한다. 하지만 운이라는 것은 노력한 자에게만 주어지는 신의 선물이다. 안 되면 될 때까지 꾸준히 노력하면 누구나 원하는 바를 이룰 수 있다. 천재도 아니고 금수저도 아닌 내가 해냈다면 그 누구도 할 수 있다. 여러분도 할 수 있다고 믿고 행동하여 원하는 바를 이루길 바란다.

공동 투자

맘에 쏙 드는 건물을 만났는데 당장 투자할 돈이 모자라다면? 돈이 없으니 포기할 것인가? 그럴 때는 공동 투자를 하는 것도 한 방법이다. 나도 상가, 토지, 건물을 매입하며 일부는 공동 투자를 진행했다. 공동 투자란 한 개의 물건에 여러 명이 함께 투자하는 방식을 말한다. 공동 투자는 여러 장점을 가진 좋은 투자 방법이긴 하지만 단점도 있다. 공동 투자의 방법과 장단점, 내가 공동 투자를 하며 느낀 점, 그 노하우를 소개해본다.

공동 투자의 종류

공동 투자의 종류에는 여러 방법이 있지만 우리같이 기업이 아닌 개인의 공동 투자의 경우 보통 두 가지 방법을 주로 쓴다.

● 지분 투자

지분 투자란 한 물건의 소유자가 여러 명이 되고 각 투자금에 따라 지분으로 나누어 갖는 투자를 말한다. 여기서 소유자가 꼭 개인일 필요는 없다. 법인도 가능하다. 요지는 법적으로 그 물건에 대한 소유권이 한 명이 아닌 여러 명에게 있다는 것이다.

● 공동 법인을 통한 투자

공동 법인을 통한 투자는 여러 명이 한 개의 법인을 세우고 그 법인을 통해 물건을 구입하는 방법을 말한다. 앞에서 말한 지분 투자와 다른 점은 물건에 대한 소유권이 여러 명이 아닌 법인 하나에 귀속된다는 점이다. 즉, 법인이 매수한 건물은 법인의 건물이며 공동 투자자는 그 법인의 주주가 되는 것이다.

'이렇게만 말하면 그게 무슨 차이가 있어?'라는 의문을 가질 수 있다. 그러나 두 방법에는 많은 차이가 있다. 우선 가장 중요한 것은 매도 방식이다. 지분 투자의 경우 각각의 지분에 대한 소유권이 개인에게 있기 때문에 내가 팔고 싶으면 내 지분만큼은 언제든 팔 수 있다. 공동 투자자 중 한 명이 자신의 지분을 매도할 경우 모르는 사람이 지분권자로 참여하게 되는 것이고 이는 향후 물건을 매각할 때 문제가 생길 수 있어 조심해야 한다.

보통 부동산을 매각할 때는 통째로 매각해야 제값을 받을 수 있는데 이때 지분권자가 한 명이라도 반대하면 통매각이 불가능하기 때문이다. 하지만 법인 공동 투자의 경우 부동산의 주인은 법인이기 때문에 개인 사정에 의한 지분 매각이 불가능하다. 중간에 나 혼자 팔고 싶다고 팔 수 없기 때문에 안정성 측면에서는 유리하다. 하지만 매도 시 세금적인 측면에서는 불리할 수 있다. 먼저 공동 법인의 법인세를 한 번 내고 그것을 개인 주주에게 분배할 때 또 한 번 세금을 내기 때문이다. 그러니 어떤 방법이 본인의 상황에 유리한지 잘 따져보고 진행해야 한다.

공동 투자의 장점

● 적은 돈으로 투자가 가능하다

정말 마음에 드는 물건을 찾았다. 그런데 돈이 모자라다. 이러한 경우는 부동산 투자를 하다보면 수도 없이 겪는다. 강남이 좋은 것은 누구나 다 안다. 하지만 돈이 없을 뿐이다. 이때 공동 투자를 진행하면 문제를 해결할 수 있다. 내가 부족한 예산만큼 사람을 추가하여 돈을 마련하면 정말 원하던 그 물건을 매수할 수 있다.

● 리스크 분산이 가능하다

지금같이 경기가 안 좋은 시기에 많은 대출을 일으키기에는 이자가 부담되고 미래를 알 수 없어 두려운가? 이때 공동 투자를 하면 리스크를 분산시킬 수 있다. 향후 이자가 올라가거나 부동산 가격이 하락해도 그 손실을 여러 명이 나누어 감당하기 때문에 심적인 부담감을 줄일 수 있다.

● 매수할 수 있는 물건의 종류가 많아진다

유망 지역을 선정하고 그 동네 부동산에 가서 물건이 있는지 문의하면 부동산 사장님이 가장 먼저 하는 말이 있다. "예산은 얼마나 되세요?" 이때 너무 작은 예산을 말하면 무시당하기 일쑤다. 내 예산에 맞춰 물건을 조사하다 보면 물건의 개수가 제한된다. 특히 내가 가진 예산이 적다면 좋은 물건을 받을 확률이 줄어든다. 그만큼 찾는 사람이 많아 금방 거래가 되기 때문이다(그래도 없는 건 아니다. 확률이 줄어들 뿐).

이때 공동 투자를 하게 되면 예산의 범위가 늘어나고 그만큼 매수할 수 있는 물건의 개수가 늘어난다. 물건의 크기가 클수록 시장 참여자의 수도 줄어들기 때문에 좋은 물건을 받을 수 있는 확률도 올라간다. 예산이 얼마냐고 묻는 부동산 사장님에게 이렇게 말해보자. "물건만 좋으면 됩니다. 공동 투자하는 팀이 있어 물건 크기에 따라 인원수를 조정할 예정입니다"라고. 대우가 달라질 것이다.

• 집단 지성의 힘을 발휘할 수 있다

수십억씩 하는 부동산을 매수할 때면 누구나 긴장한다. 내가 놓친 사항은 없는지, 정말 이 부동산이 미래 가치가 있는 건지, 내 판단이 맞는지 등 오만 생각이 다 떠오른다. 그동안 피땀 흘려 번 돈을 투자하는데 이 정도는 당연하다. 이때 함께 투자하는 사람들이 있으면 정말 든든하다. 내가 보지 못하는 부분을 크로스 체크해줄 수 있고 서로 의견을 나누며 더 좋은 결론을 도출해낼 수 있다. 앞에서도 말했지만 자신의 돈을 투자하지 않은 사람들의 조언은 크게 믿을 것이 못 된다. 하지만 같이 투자하는 사람은 자신의 돈이 들어가기에 나만큼 열정적으로 검토하고 조사한다. 집단 지성의 힘은 당신을 더 좋은 투자로 이끌어줄 것이다.

공동 투자의 단점

모든 일이 그렇지만 장점만 있는 것은 없다. 공동 투자에도 단점이 존재한다.

• 의사 결정이 힘들다

투자를 하다 보면 여러 가지 문제들이 생긴다. 이때 함께 투자하는 인원이 많으면 의견을 하나로 모으기가 정말 힘들다. 작게는 계약 날짜를 잡는 것부터 시작해서 누가 갈 것인가 대출은 얼마를 받을 것인가 등 모든 일을 함께 결정해야 하기 때문에 어떤 것 하나 쉽게 넘어가는 경우가 없다. 이 과정에서 사이라도 나빠지면 물건을 매도하는 그날까지 힘들어질 수 있다.

● 사람에 대한 리스크

사람 일은 아무도 모른다. 함께 투자했던 사람이 갑자기 사고를 당할 수도 있고 사업이 부도가 날 수도 있다. 매수한 부동산이 하락하여 자신의 지분을 팔겠다는 사람이 나올 수도 있다. 평소 온화한 사람도 돈이 엮이면 돌변하는 경우를 많이 보았다. 이렇듯 사람이 많아지면 인적 리스크가 높아진다. 인적 리스크를 줄이기 위해 공동 투자 협약서를 작성하기도 하지만 이것 또한 완벽하지 않다. 그러니 공동투자를 할 때는 신중해야 한다.

성공적인 공동 투자를 위한 노하우

● 인원수는 최소한으로

가능한 한 인원수는 최소한으로 하라고 말하고 싶다. 위에서 말했지만 인원수가 많아지면 의사 결정을 하기도 너무 힘들고 분쟁의 여지도 많아진다. 가능하면 인원은 최대 5명을 넘기지 않을 것을 추천한다.

• 첫째도 사람, 둘째도 사람

공동 투자에서 가장 중요한 것은 첫째도 사람 둘째도 사람이다. 모든 문제는 사람에서 나온다. 공동 투자를 할 때는 꼭 내가 잘 알고 오래 봐온 사람과 하는 것을 추천한다. 이 사람의 성향과 내 성향이 잘 맞는지를 생각하고 조금이라도 문제가 될 것 같다면 애초에 시작하지 않기를 권한다. 한번 공동 투자를 시작하면 중간에 빠져나오기란 매우 어렵다.

• 자기주장이 너무 강한 사람은 피하라

공동 투자는 모두가 협의를 이루어야 한다. 이때 자기주장이 너무 강한 사람이 있으면 전체 분위기를 해치는 경우가 생긴다. 특히 해결책은 제시하지 않으면서 불평만을 얘기한다든지 상대방의 의견은 듣지 않고 자기주장만 펼치는 사람이 있다. 이러한 사람이 단 한 명만 있어도 전체가 힘들어지는 게 공동 투자다. 그러니 너무 자기주장이 강한 사람은 빼고 가는 것이 쉬운 방법이다.

• 투자에 대한 눈높이는 나와 비슷해야 한다

자신이 공부하기는 싫고 남들이 하는 투자에 편승하고자 하는 사람들이 있다. 이러한 사람들과 공동 투자를 진행하면 올바른 의사결정을 하기 힘들다. 최소한 나와 비슷한 지식수준의 사람들과 투자하기를 권한다. 그래야 문제가 발생했을 때 서로 놓친 부분을 보완해주고 때로는 건설적 대립을 통해 더 좋은 결론에 도달할 수 있다.

● 투자 원칙에 대해 시작부터 협의해라

공통 투자를 하기 전에는 반드시 투자 원칙에 대한 협의를 이루고 시작하라. 물건은 얼마에 언제쯤 매도할 것인지 의견 대립이 생길 경우 어떻게 의사 결정을 할 것인지 중간 이탈자에 대한 패널티는 어떻게 부여할 것인지 등의 중요한 사항에 대해서는 미리 협의가 이루어지는 것이 좋다. '다들 나와 같은 마음이겠지'라고 생각하면 오산이다. 이때 협의가 되지 않고 나와 생각이 너무 다르다면 함께 투자하는 것을 재고해봐야 한다.

● 투자 협약서를 반드시 작성하라

위의 투자 원칙에 대한 기준을 세웠다면 그것을 반드시 문서화하라. 물건의 크기가 크다면 공증을 받는 것도 한 방법이다. 공증까지는 받지 않더라도 최소한 공통 의견을 기록하고 문서화하는 것은 필수다. 향후 분쟁 발생 시 협의가 되지 않는다면 협약서를 꺼내 합의된 원칙을 근거로 의사결정을 하자. 이는 강력한 도구가 되므로 처음 협약서를 작성할 때는 신중에 신중을 기할 것을 권한다.

여기까지 그동안 투자를 하며 배운 점과 노하우를 빠짐없이 소개했다. 마지막으로 이 책에서 꼭 얻어갔으면 하는 한 가지가 있다. "된다고 믿고 도전하면 불가능은 없다"는 사실이다. 이 사실만 깨우친다면 세상에 못할 일이 없다. 나는 평범한 30대 직장인이다. 내 주변에는 "이제 부자가 되는 것은 불가능하다", "부의 사다리가 끊겼다" 등의 말을 하며 자포자기하는 사람들이 많다. 하지만 끝날 때까지는 끝난 게 아니다.

앞에서 소개했지만 나는 한 푼도 들이지 않고 상가를 매입하기도 했고 공동 투자를 통해 적은 돈으로 건물주가 되었다. 이후 평택, 안성의 토지를 매입했으며 부동산 경기가 좋지 않은 지금도 약 50%의 가격 상승이 발생하고 있으며 매도 목표 수익률은 300%다. 토지, 상가, 건물의 경우 개별성이 강하기 때문에 아무리 시장이 안 좋아도 오를 곳은 오른다.

부동산에 관한 책을 보고, 강의를 듣고, 임장하고, 공부하라. 그러다 보면 오를 곳을 고를 수 있는 안목이 생길 것이고 절약하여 투자한다면 누구나 부자가 될 수 있다. 제발 포기하지 말기를 바란다. 하루하루 성장해가는 이 기쁨을 나누고 싶다. 이 책을 읽은 사람 중 단 한 명이라도 변화한다면 너무나 행복할 것 같다.

PART 8

27년차 평범한 직장인이자
두 아이 엄마의
월급만으로 건물주 되기

by **행복하자아**

두 아이의 엄마,
재테크에 눈을 뜨다

인내와 희생의 연속이었던 직장생활

나는 평범한 두 아이의 엄마이자 주부이며, 외국계 기업에 다니고 있는 직장인이다. 우리 세대인 70년대생이 바라는 이상적인 삶은, 좋은 대학교를 나와 전문직에 종사하거나 대기업에 다니며 결혼해서 행복한 가정을 꾸미며 아이들을 잘 키우는 것이었다. 그리고 우리 부모 세대처럼 일단 회사에 입사하면 최소한 아이들을 양육하고 먹고 사는 데 문제가 없을 정도의 부를 유지하고 정년퇴직까지는 문제없이 밥벌이를 이어갈 줄만 알았던 세대다.

나와 같은 소시민에게 회사는 밥줄이었고 가정의 생계가 걸려 있기에 회사에 소위 목숨을 걸었다. 조금이라도 인정받으려 노력했고,

자발적이지 않은 회식에 끌려다니며, 상사에게 눈도장을 찍으며 인생의 3분의 2 이상의 시간을 회사에 갈아넣어야 했다. 그러던 중 맞닥뜨린 IMF 사태 이후 직장생활은 예전의 그것과는 또 다른 미국영화에서나 나올 법한 어려움의 연속이었다. 그래도 좋은 직장을 두고 나와 사업을 하거나 새로운 일을 찾을 용기는 부족했기에 그렇게 회사 생활을 해가며 아이도 낳고 집이 좁아져 큰 평수로 이사를 가기도 하면서 직장생활을 이어갔다.

아이 둘을 키우면서 양가부모의 도움 없이 맞벌이를 하는 것은 인내와 희생의 연속이었다. 직업상 국내외 출장이 많았기에 이렇게 살다가는 내 자신마저도 무너질 듯한 번아웃이 오기도 했다.

왜 재테크인가?

어느 날 갑자기 내가 왜 엄마가 필요한 아이들을 남의 손에 키우면서, 유치원에 가기 싫다며 울며불며 엄마 손을 놓지 않는 아이를 힘들게 떼어놓으며, 회사를 왜 다니는 건지 진지하게 생각해보았다. 자아실현을 위해, 가족의 생계를 책임지기 위해, 개인의 발전을 위해, 이사회에 공헌하기 위해… 많은 생각이 떠올랐지만, 가장 기본적인 것은 의식주의 해결이었다. 나의 귀한 아이들에게 따뜻한 보금자리와 따뜻한 밥을 줄 수 있는, 그리고 욕심을 더 낸다면 더 좋은 환경에서 자라게 하고 싶고, 양질의 교육을 받을 수 있게 하고 싶은 누구나 느끼는 그런 소망이었다.

그래서 엑셀 파일을 열어 현재의 생활수준을 유지하며 80세까지 산다고 가정했을 때 얼마의 돈이 있으면, 회사와 가정에서 받는 스트레스로 아이들을 힘들게 하지 않고, 돈에서 자유로워질까를 계산해보았다. 2012년 물가 기준으로 평균수명 80세까지 초등학교와 유치원에 다니는 두 아들의 학비와 의료비, 주거비 등을 고려했을 때 20억 원이라는 돈이 필요하다는 계산이 나왔다(지금은 평균수명도 늘었고 물가도 올랐고, 물론 사람마다 다르겠지만 20억 원이라는 돈이 많을 수도 있고, 적을 수도 있다고 생각된다).

그때 깨달았다. '내가 회사에서 아무리 인정받으며 정년까지 회사를 다닌다고 해도, 우리 가족이 먹고 살 수 있는 최소한의 돈을 벌 수는 없겠구나'라고. 그 후로는 어떻게 하면 회사에서 언제 잘리지 모를 불안감을 느끼지 않고 가족에게 안정적인 삶을 제공할 수 있을지를 생각해보았다. 그러나 주위에는 그런 방법을 아는 사람도 물어볼 사람도 없었고, 부자가 되고 싶다거나 미래의 생활에 대한 걱정을 하는 사람도 많지 않았다. 돈에 대한 이야기를 하면 마치 세속적이고 고상하지 않은 사람이라는 느낌을 주어 편하게 이야기할 수도 없었다.

그래서 가장 손쉽게 구할 수 있는 자수성가한 사람들의 재테크 분야의 책, 부동산 경매 관련 책, 인터넷의 텐인텐 카페(그 당시 2000년대 초반만 해도, 10억 원이면 백만장자라고 불릴 정도의 부자라서 10년 안에 10억 원 만들기 카페가 엄청 핫하던 시기였다) 등을 통해 정보를 접하고

100여 권 정도의 책을 읽었다. 그렇게 나도 할 수 있다는 마음을 갖고 동기부여를 받으면서 어떻게 공부해야 할지 우선 감을 잡기 시작했다.

내 집 마련과 재테크

2억 원의 빚으로 내 집 장만을 하다

나는 33살에 남편과 결혼을 하면서 1억 원의 종잣돈으로 수서 역세권의 26평 1층 코너, 그 아파트 단지에서 제일 싼 집에서 전세생활을 시작했다. 제일 싸다는 이야기는 제일 단점이 많다는 이야기였다. 서향이라 낮에도 항상 불을 켜고 지내야 했고, 나무 때문에 시야가 막혀 있고, 1층 코너이기 때문에 바닥에서 나오는 습기와 냉기를 견뎌야 했고, 모기 등의 벌레와 동거해야 했다.

2년의 전세기간 동안 집 주인의 의도치 않은 갑질로 인해, 거주하는 집을 소유해야겠다는 일념으로 부족한 돈은 모두 대출을 이용하여, 2005년 2층의 수서 역세권 아파트를 3억 1,500만 원에 매수할 수 있게 되었다.

결혼한 지 2년 된 신혼부부에게 2005년 당시 2억 원의 빚은 적지 않은 금액이었다. "절대 남에게 돈을 빌리지 말아라", "욕심 부리지 말아라", "대출을 안 된다"라는 가르침을 받고 자란 우리 부부에게 2억 원이라는 대출은 엄청 난 부담이었다. 맞벌이를 하고 있었던 남편과 나는 대출을 빨리 갚고 싶다는 생각 하나로 강제 근검절약을 시작한다. 투자를 거듭하면서 대출은 레버리지를 이용한 훌륭한 투자라는 걸 알게 되었지만, 30대 중반에 처음 부동산을 갖게 된 우리에게 대출은 하루라도 빨리 해결하고 싶은 인생 최대의 숙제였다.

대출을 갚아야겠다는 의지가 어떻게 보면 우리 부부의 종자돈을 만들어주었다. 이후 둘째가 생기면서 26평의 낡은 집이 좁게 생각되어, 2010년 11월 같은 단지의 35평 아파트를 전세를 끼고 구입했다. 당시 갭 투자라는 말은 없었지만, 돈이 부족한 우리 부부가 큰 평수로 갈 수 있는 유일한 방법은 전세를 이용하여 대출을 갚아가면서 평수를 늘리는 것이었다. 돌이켜보면 우리 부부가 부동산을 구매하고 이사를 가고 학군지로 옮겨간 이유는 아이들을 잘 키우려는 목적 하나였다는 생각이 든다.

의도치 않게 일시적으로 2주택을 갖게 된 우리 부부는 세금 문제로 26평의 집을 팔지 말지 고민하게 되었다. 나중에는 역세권 요지의 그 집을 팔기 위해 전세도 주지 않고 1년 반을 비워두기도 했다. 세금을 무서워하는 남편이 전세를 끼고 있는 집은 잘 안 팔린다는 이유로, 제발 1년만 살게 해달라는 전세입자의 요청도 뿌리치고 빈집으로

1년 반을 비워 둔 것이었다. 하지만 그 당시 부동산 침체로 인해 집이 쉽게 팔리지는 않았다.

그러던 어느 날 26평 역세권 아파트를 4억 원에 매도할 수 있었고, 우리에게는 현금 1억 원의 돈이 생겼다. 그리고 몇 년 후면 중학교를 들어가는 첫째 아들의 전학을 위해, 대치동, 개포동 일원동, 반포동의 집을 알아보았다.

3배 이상 오른 한강뷰
낡은 반포 아파트

집을 알아보기 시작한 것은 두 아들의 교육을 위해서였다. 교육의 메카인 대치동 아파트, 쾌적한 거주환경을 자랑하는 강남의 몇 안 되는 대지 지분 넓은 5층 재건축이 가능한 일원동 아파트, 재건축이 가시화된 숲세권 개포동 아파트, 재태크 카페 지인 추천으로 신반포 2단지와 5단지 아파트를 보게 되었다.

대치동의 신축아파트로 마음을 굳혔으나 마지막으로 신반포 2차와 5차 아파트를 구경삼아 가게 되었다. 구경삼아 간 낡은 복도식 아파트의 해질녘 한강뷰에 반해 주저하지 않고 반포쪽으로 마음을 정했다. 입지상으로 신반포 2단지가 우위였지만, 빠른 재건축이 답이라는 판단에 좋은 학군과 한강의 매력, 재건축아파트 장점을 가지고 있는 신반포 5단지의 조합원 입주권을 2015년 매입했다.

매입 당시 금액은 당시 최고가인 10억 원이었다. 1억 원의 여유자금으로는 가능하지 않아 구매를 포기하려 했지만 결혼 전 모아두었던 비자금 3억 원가량을 보태기로 하면서 6억 원의 대출을 받았고 이후 추가분담금 3억 원도 모두 대출을 이용하여 구매하게 되었다. 무리한 대출로 이 집을 구매한 후 한 달 동안 잠을 이루지 못할 정도로 고민이 많았지만, 이 아파트는 현재 대세인 한강뷰로 많은 수익을 안겨주었다.

현금 3,000만 원
삼성동 지분 20평 빌라

몇 번의 아파트 투자로 인해 용기를 얻고 두 채의 아파트를 대출로 구매하여 자본금이 바닥난 상태였지만, 책을 통해 부동산 경매로 집을 싸게 살 수 있는 방법이 있다는 것을 알게 된다. 그 후 부천에 있는 경매학원을 다니며, 삼성동 낡은 빌라를 낙찰받게 되었다.

주중의 잦은 출장과 회사일, 두 아이를 돌보며, 매주 토요일 6개월 정도 4시간씩 운전을 하며 부천까지 오가는 게 쉽지는 않았다. 하지만 같이 수업을 듣는 수강생들의 성공스토리를 들으며 희망에 부풀기도 하면서 새벽에 일어나 노트정리와 복습을 하며 열심히 공부해나갔다.

계속된 낙찰 실패로 포기할 마음을 먹던 즈음에 우연히 만난 2번 유

자료: 서울시

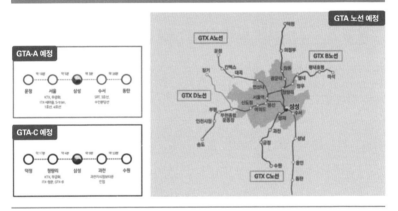

찰된 물건에 관심을 갖게 된다. 삼성동의 인프라를 다 갖춘 교통의 요지가 지적이며, 현대에서 2014년 GBC_{Global Business Center}부지로 10조 5,500억 원에 매입한 땅 근처의 빌라였다. 낙찰만 받을 수 있다면 삼성동 땅을 평당 2,000만 원대에 비교적 저렴하게 받을 수 있

다는 장점이 큰 물건이었다.

2016년 당시 경락대출도 80% 이상 받을 수 있어, 현금 3,000만 원과 나머지는 전액 대출로 총 4억 8,000만 원을 투자했다. 이렇게 법원 낙찰부터 명도까지 직접 부동산 경매의 모든 것을 경험해보았다. 현재 이 일대는 재건축·재개발을 위한 용적률 상향을 위해 주민 동의를 얻고 있는 상태다. GBC가 완성되고, GTX노선 2개, 복합환승센터와 영동대로 지하화 등의 모든 공사가 끝난 후에는 미국의 맨해튼처럼 국제적 업무가 가능한 상업시설 및 교통망을 갖춘 대한민국 명실상부 최고의 위치 중 하나가 될 것이다.

드디어
건물주가 되다

사상 최저 금리, 건물을 검토하다

문재인 정부 이후부터 다주택자에 대한 종부세와 보유세, 취득세 (조정지역, 3주택 12%) 인상, 대출 규제 등으로 현금부자가 아닌 이상, 더 이상의 주택구입은 거의 불가능한 상태였다. 그리고 강남 주요 지역의 아파트 평단가는 2020년부터 1억 원을 넘어가고 있었다. 코로나로 인한 급격한 통화량 팽창으로 인해 부동산 가격은 하루가 다르게 올라갔다. 금리는 사상 최저였고, 가파른 총통화량 증가, 인플레이션으로 인한 현금가치 하락, 급격하게 늘어나는 종부세와 보유세, 대출규제로 인해 더 이상 아파트나 공동주택을 매입하기는 힘들어 보였다.

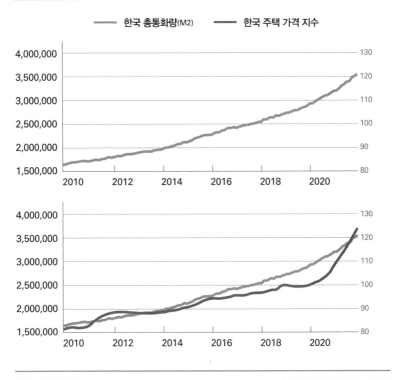

2010년 이후 총통화량(M2) 증가와 부동산 지수 그래프

한국 총통화량(M2)   한국 주택 가격 지수

단위: 100만 달러   자료: TRADINGECONOMICS.com

하지만 대출의 레버지지를 이용하여 자산을 불려온 내가 보기에 2020년, 2021년의 기준금리 0.5~0.75%는 투자 이후 제일 낮은 금리였다. 그리고 통화량이 증가하면 현물자산인 부동산은 위의 그래프와 같이 오를 수밖에 없다. 이러한 객관적 데이터를 바탕으로 종부세(근생건물은 토지공시가액 80억 원 초과 시에만 종부세 부과)와 취득세

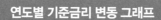

연도별 기준금리 변동 그래프

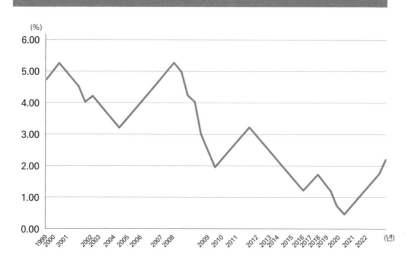

(근생건물의 경우 4.6%)에 이점이 있는 땅을 보유한 건물을 검토하기 시작했다.

건물은 개별성이 강하고, 상권의 변화 예측, 땅의 위치, 임차인의 관리 등 고려해야 할 사항이 아파트보다는 많고 복잡하다. 거기에 매입금액이 크다 보니, 결정도 어렵고 일반인이 접근하기도 힘들었다. 그리고 신축을 할 경우 건축에 대한 기본지식도 알고 있어야 했기에, 처음에는 책과 블로그 등을 통해 시작했다.

중구 지역의 5층 건물을 매입

건물 최종 매입 전에는 인스타나 유튜브에 있는 네임드 인플루언서에게 컨설팅을 받아 보기도 했지만, 자신이 보유한 건물을 추천하거나 자신의 부동산 강의를 권유할 뿐 내가 잘 알지 못하는 이상 상담비용만 날리기 일쑤였다. 6개월 이상 건물을 찾아다녔지만 쉽게 결정하기 어려웠고, 보면 볼수록 더 헷갈리는 통에 나만의 기준과 원칙이 꼭 필요하다는 생각이 들었다. 인플레이션 헤지를 위한 실물자산을 보유하는 것은 나에게 중요했다. 결국 첫술에 배부를 수 없다는 생각으로 코로나19 시대의 공실 걱정이 적은 안정적인 임대수입이

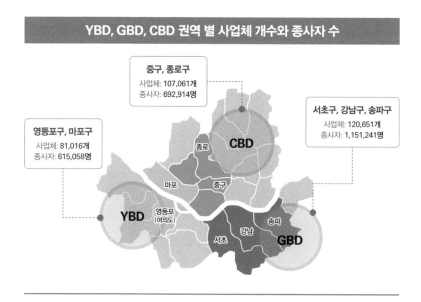

YBD, GBD, CBD 권역 별 사업체 개수와 종사자 수

중구, 종로구
사업체: 107,061개
종사자: 692,914명

서초구, 강남구, 송파구
사업체: 120,651개
종사자: 1,151,241명

영등포구, 마포구
사업체: 81,016개
종사자: 615,058명

가능한 대기업이 많은 중구 지역의 5층 건물을 매입하게 되었다.

코로나19 시대에 첫 건물을 구입하면서 가장 두려운 것은 공실이었다. 경매 공부를 통해 기존의 주택과 건물들이 경매로 나오게 된 이유 등을 이미 알고 있었다. 따라서 처음부터 공격적인 투자보다는 안정적인 공실이 없는 입지의 건물을 매입한 후, 관리를 해가면서 포트폴리오(신축, 리모델링, 지역변경 등)를 조정하려는 생각이었다.

건물주가 되길 원한다면?

● 건물 매수 전 기본적으로 고려할 사항

건물을 검토할 때는 환금성, 땅의 가치, 도로 등 기본적인 사항을 우선 검토한 후 부수적인 임대수익이나 기타사항을 검토해야 리스크를 줄일 수 있다. 각자의 자금 현황과 매입 목적에 따라 다음 사항들의 장단점을 고려하여 자신에게 맞는 건물을 선택하는 것이 유리하다.

- 임대 수입 초점 vs 지가 상승 초점
- 서울 vs 수도권 또는 지방 주요 지역 / 강남 vs 비강남 서울
- 신축빌딩 vs 구축빌딩 vs 땅 매입 후 건물 신축
- 근린생활건물 vs 상가주택
- 법인명의 vs 개인명의
- 현금비율 vs 대출비율

• 건물 임장 및 계약 전 확인할 사항

상권이라는 것은 언제 어떻게 바뀔지 모른다. 상권에 의존하기보다는 기본적인 땅의 가치를 파악하는 것이 중요하다.

- 최소 도로폭이 4m 이상인가?
- 건축물대장과 현황비교해서 위법건축물인가?
- 역과의 거리, 역세권인가?
- 건축법상 최대 용적률·건폐율이 확보되어 있는가?
- 코너 건물인가? 북도로에 접한 건물인가?
- 건물 내부를 확인 가능한 경우, 누수, 누전, 크랙이 있는가?

매도인의 경우 임대료 미납 사실을 숨기기도 하므로 매도인에게 직접 요구하거나 통장내역으로 미납내역을 확인하는 것이 좋다. 리스백(매각 후 재임대) 조건이 건물을 매각하기 위한 높은 임대료 조건인지도 꼼꼼히 확인해야 한다. 임대료를 내지 않거나 계약기간 중간에 나가 버리는 경우도 종종 있기 때문에 주변 임대시세와 대비해 적정 금액인지 꼭 확인하여 계약서에 조항을 삽입해야 한다.

• 계약 전 반드시 검토해야 할 서류

• **건축물대장**: 대지면적, 연면적, 층수, 건축연식, 주택인지 상가인지 업무용인지 현재 건물을 이루고 있는 부동산의 유형, 건물의 주구조 등 등기사항 증명서에서 확인되지 않은 건물의 현황을 알려준다.

- **토지대장**: 토지에 관한 정보, 가끔 등기사항증명서상 대지면적과 토지면적이 불일치하는 경우가 있으므로 계약 전 현장을 나가 보고 비교해야 한다.

- **토지이용계획확인원**: 개발에 따른 건축제한이나 허용되는 행위 등을 알 수 있다. 재개발 지역인지, 기타 제한 사항들을 미리 검토해야 한다. 부동산 종합포털사이트인 '일사편리'에 주소를 입력하면 쉽게 알 수 있다.

● 건물 관리 시 유념해야 할 사항

신축이 아닌 건물연식이 있고 전매도인이 건물관리를 소홀히한 경우 임차인 관리에 어려운 점이 있으며, 임대료 인상이 주기적으로 이루어지 않아 주변과 비교하여 현저하게 임대료가 낮은 경우도 있다. 몇 가지 유념할 부분만 추려보면 다음과 같다.

- **고정 관리 비용**: 우선 건물의 고정비용이 생각보다 많은 경향이 있다. 다음은 기본적으로 나가는 비용이다. 3개월마다 부가가치세 환급이 있고, 7월과 9월에 재산세를 납부해야 하고, 임차가 쉽게 맞춰지지 않은 지역인 경우 임차인의 보증금을 돌려줘야 할 정도의 예비비가 필요하다. 현재와 같이 급격하게 상승하는 금융이자 비용은 예비비로 두는 것이 좋다.

- **월간 고정 비용**: 전기안전관리, 전기·공용 부분, 수도비, 가스비, CCTV 및 보안관리, 주차기 유지보수, 승강기 유지보수, 인터넷 서비스 이용비, 소방안전관리, 청소비용, 세무기장 수수료, 방역업체 비용

- **연간 고정 비용**: 화재보험, 정화조 청소, 물탱크 청소, 외벽청소, 기계식 주차 점검, 기타 비용(관리, 소모품, 수선품)

상가임대차보호법에 의하면 2018년 10월 이후 종전 최장 5년 보장되던 임대차계약기간이 최장 10년으로 연장되었다. 그러나 건물 매수로 인한 임대차계약을 승계받은 경우 전 매도인이 임차인들의 계약서를 10년 전 것까지 보유하고 있지 않아 확인이 어려운 경우가 종종 발생한다. 이럴 때는 '우리마을가게 상권분석 서비스'의 점포 이력서비스를 이용하면 된다. 이 사이트를 이용하면 해당 건물에 지금까지 있었던 임차인들의 개업일과 폐업일 등을 확인할 수 있다. 여기서 최초계약일을 통해 임대차갱신요구권이 있는 임차인인지 파악할 수 있다.

상임법(상가임대차보호법)에 따르면 1년에 5%씩 임대료 인상을 하게 되어 있지만, 현실적으로 오피스나 대기업을 제외하고는 매년 5% 인상이 쉽지 않다. 또한 환산보증금을 기준으로 1년에 5%를 인상하는 경우가 종종 있지만 원칙적으로 보증금과 월세 각각 5%의 인상 한도가 적용된다. 예를 들어, 보증금 5,000만 원 월세 200만 원인 경우 5% 인상 계산은 다음과 같다.

3기 차임 연체 비교(월차임 100만 원, 납부일 10일인 경우)						
구분	금액	4월 10일	5월 10일	6월 10일	7월 10일	8월 10일
A임차인 (3기 연체 중)	납부액	X	X	X	100	100
	총연체액	100	200	300	300	300
B임차인 (3기 연체 중)	납부액	50	X	50	X	400
	총연체액	50	150	200	300	0
C임차인 (3기 연체 사실)	납부액	X	100	X	50	60
	총연체액	100	100	200	250	290
D임차인 (2기 연체 중 분기납부자)	납부액	X	X	300	X	X
	총연체액	100	200	0	100	200
E임차인 (5회 연체 사실)	납부액	100	100	100	100	100
	총연체액	100	100	100	100	100

단위: 만 원

※ 연체 사실인 경우 즉시 해지 불가하나 임대차 갱신요구를 거절할 수 있음

보증금: 5,000만 원 + (5,000만 원 × 5%) = 5,250만 원

월세: 200만 원 + (200만 원 × 5%) = 210만 원

임차인의 경우 월세를 제때 납부하지 않는 일이 다반사이므로, 임대관리앱이나 엑셀 등을 이용하여 늦을 경우 재통보를 하는 것이 좋다. 요즘 임대관리앱의 경우 임차인 전화번호를 한번 넣어두면 자동으로 임차인에게 연체에 관한 문자가 통보되므로 이를 이용하여 임차인 관리를 할 수 있다.

임차인의 연체액이 3기의 차임액에 달하는 경우 임대인은 최고(일

정한 행위를 하도록 상대방에게 요구하는 의사의 통지) 없이 임대차 계약을 즉시 해지할 수 있다. '3기의 차임 연체'는 연체 횟수에 상관없이 총 연체금액이 3기(월세의 3개월)분 이상이 되어야 해지 가능하다.

장마철 누수로 인해 임차인이 영업을 할 수 없는 경우, 임대인이 누수 공사비용, 임차인 영업장 내부 인테리어 비용, 영업 손실비용 등을 배상해야 하는 상황이 발생한다. 따라서 매년 장마철 전에 누수 확인 및 방수공사 여부를 확인·보강하거나, 누수에 대한 비용이 보장되는 화재보험을 꼭 들어야 한다.

우리 든든한 첫째 아들은 항상 엄마는 운이 좋았다고 이야기한다. 이 말에 부인할 수는 없지만 우리는 동시대를 살고 있고 그러므로 누구에게나 운은 동일하다고 볼 수 있다. 나는 여러 책을 읽고 용기를 얻어 적은 종자돈으로 겁없이 도전하고 실행했을 뿐이다. 지금도 나의 꿈은 현재진행형이다. 내가 뿌려 놓은 씨앗들이 시간이 지나면 물과 햇빛을 먹으면서 꽃을 피울 거라는 확신이 있다.

항상 준비하고 도전하고 실패하면서 배우는 것을 교훈 삼아 다음을 준비하고 또 도전한다면 누구나 경제적 자유를 이룰 수 있다고 생각한다. 나 같은 평범한 직장인도 부모 도움 없이 작은 건물을 마련했다면 당신 같이 훌륭한 사람은 얼마나 더 많은 것을 이룰 수 있을지 생각해보면 좋겠다.

PART 9

꼬꼬마건물로 시작하는
건물주 프로젝트
무작정 따라하기

by 알렉스김

시대의 흐름을 읽다

40억 원 건물이 2년 만에
83억 5,000만 원으로

나는 2018년부터 뚝섬역과 서울숲역 사이에서 건축사무소를 운영하고 있었다. 건축외길 20년을 넘게 걸어왔지만 정작 내 건물은 한 채도 없었다. 말 그대로 중이 제 머리 못 깎는 격이었다. 사실 이 시기 나는 주식으로 쏠쏠히 재미를 보고 있었고 역시 재테크는 부동산보다 주식이라는 생각이 지배적이었다. 그런 와중에 왠지 알 수 없는 불안감이 있었는데 바로 성수동 이곳이 심상치 않다는 것이었다. 지금이 뛰어들지 않으면 안 될 것 같은 느낌이었다. 지금 성수동의 인기는 이미 절정이지만 그 당시는 한창 불타오르기 시작하던 때였다.

2019년 나의 사무실에서 바라본 성수동 풍경. 아침부터 사진 촬영하는 사람들이 많다.

내 사무실은 1층에 장미식탁이 있었던 성수동의 요지 중 요지였다. 성수동의 핫스팟은 크게 2010년대 초반부터 뜨기 시작한 성수역 수제화 거리 인근 및 성수역 남부와 2010년대 중후반부터 활성화되기 시작한 서울숲 인근 카페거리 쪽으로 나눌 수 있는데 내가 일하던 곳은 후자였다. 평일 낮에도 마치 유원지나 관광지에 사람들이 몰려오듯, 많은 젊은이들이 셀카봉을 들고 길거리를 배회했다. 혹은 SNS용, 쇼핑몰용 촬영으로 인산인해를 이루었다. 당시 자주 가던 카페 중에 독특한 감성의 카페가 있었다. 서울숲 카페거리에서 갤러리아포레 쪽문으로 가는 길목에 위치한 엔아더라는 카페였는데 위치도 위치지만 내부에 작은 수공간을 만들어 젊은이들에게 인기가 정말 많았다.

성수동 앤아더 카페 2019

    2019년 당시 이 자리가 40억 원에 나왔던 걸로 기억한다. 위치도 너무 좋았고 평당 6,000만 원도 안 되는 가격이라 무조건 잡아야 한다고 생각했다. 하지만 턱없이 큰돈이라 이내 마음을 접어버렸다. 내 힘으로는 살 수 없는 것이니 더 이상 알아볼 엄두조차 내지 않았다.

    그로부터 2년 후 2021년에 그곳은 83억 5,000만 원에 거래되었다. 그렇게 오를 것이라 그때도 예상 못한 것은 아니었지만 방법이 없다고 생각했다. 하지만 가능했던 일이었다. 단지 방법을 몰랐을 뿐이었고 기회를 놓쳐버린 것이었다. 이후 알았지만 법인을 설립해서 70~80% 대출을 받는다면 충분히 도전해볼 수 있다.

그 당시 성수동에서는 이런 일이 비일비재했다. 어느 곳은 매수자가 40억 원짜리 토지를 매수한 후 사정이 생겨 아무것도 못하고 있다가 4개월 후 60억 원에 재매각하기도 했다. 근처에 비슷한 사례가 너무 많아 나중에는 기억도 못할 지경이었다. 만약에 내가 이런 방법을 알았다면, 누군가 귀띔이라도 해주었다면 그때 그 기회를 놓치지 않았을 것이다. 그런 아쉬움에 누군가는 그런 기회를 놓치지 않았으면 좋겠다는 바람으로 이 글을 쓴다.

다시 시작하는 임장

남들 다 사는 건물 나도 하나 사볼까? 건축사와 부동산은 불가분의 관계라고 스스로 합리화하고 연습 삼아 조그만 건물 한 채 사서 예쁘게 만들어보기로 했다. 때는 2020년 성수동은 이제 오를 대로 올랐고 눈을 돌리기 시작한 곳은 연남동과 망원동이었다. 망원동은 이미 몇 번 임장을 다녀왔지만 가성비가 안 나온다고 판단했다. 내 건축사사무소에서 근생 건물 하나를 증축 리모델링 설계했기에 망원동은 익숙한 곳이었다.

망원동도 하루가 다르게 성장해가고 있었다. 마치 성수동의 10년 전 모습을 보는 것 같았다. 붉은 벽돌 건물들 사이로 하나씩 번데기가 되어 나비가 되어 날아가고 있었다. 마치 성수동의 다음 후계자는 자신이라고 외치는 듯했다.

망원동 리모델링 2019 (디디그룹건축사사무소, 대표 김용근)

사실 이 시기는 핫한 상권들의 춘추전국시대였다. 이태원 경리단 길 쇠퇴와 함께 새롭게 등장한 신흥 상권들은 송리단길, 망리단길 등으로 불리며 후계자를 자처했고 성수동, 연남동, 익선동 등 다양한 개성의 상권들도 누가 이 시대의 진정한 강자인지 보여주고 싶어 했다. 그러던 중 갑작스러운 코로나19의 등장과 함께 FnB 사업이 크게 위축되었고, 한창 급성장해오던 핫스팟들 중 이제 누가 진정 강자인지 줄세우기가 시작될 수밖에 없는 시점이 되었다.

평범한 그들이 어떻게 30대에 건물주가 되었을까?

투자의 원칙,
지역 선정

첫째, 물극필반! 상투를 피하라

나는 상권은 움직이며 흥망성쇠가 있다고 생각한다. 밀물이 오면 반대편은 썰물이 된다. 상권도 마찬가지다. 사람은 한정적인데, 연남동, 성수동, 익선동, 망원동 등이 어딘가가 핫해지면 또 다른 어딘가에는 이태원 경리단길처럼 몰락하는 곳이 생길 수밖에 없다. 인생은 물극필반(흥망성쇠는 반복하는 것이므로 어떤 일을 할 때 지나치게 욕심을 부려서는 안 된다는 말)의 법칙을 따른다. 달도 차면 기우는 것이고 모든 것은 극에 다다르면 반전한다. 주식에서 수도 없이 보지 않았는가. 실패를 피하려면 극에 다다르지 않게 항상 경계해야 한다. 상권을 선택할 때도 마찬가지다. 즉, 극에 다다른 상권은 피해야 한다. 극에 다다랐는지 아직인지는 알 수 없으나 굳이 극이 가까워지는 상권을 고를 필요가 있을까?

그렇다면 해법은 무엇인가, 단 두 가지만 기억하라. 첫 번째, 그나마 유행이 덜 타는 곳, 일반적으로 역 주변, 대로변, 도심번화가를 중심으로 선택하는 방법이다. 이 경우 쇠퇴하더라도 기본 유동인구의 공급이 있어 가치가 있다. 하지만 이 경우 규모가 크거나 지가가 높아 접근하기 쉽지 않다. 내가 다루고자 하는 것은 꼬마빌딩이며 적절한 선구안을 통해 매력적인 가격에 매수해서 리모델링 혹은 신축을 통해 가성비를 뽑아내고자 하는 것이다.

두 번째, 이제 막 번영의 기운이 모여들고 에너지가 움트는 저평가된 곳을 찾는 것이다. 일반적으로 사람들은 백화점에서 물건을 살때는 할인을 하면 신나게 사는데, 이상하게 주식은 할인할 때는 안사고 웃돈이 붙으면 사려고 한다. 부동산도 마찬가지다. 반대로 해야 수익을 남길 수 있다. 저평가된 우량주 아니 우량 부동산을 매수해서 고평가되었을 때 매도해야 하는 것이다.

그래서 내가 선택한 곳은 성동구 송정동이었다. 때는 바야흐로 2021년 초 옛 유명 아이돌의 멤버가 베이커리를 오픈하기도 했고, 동부간선도로의 지중화 및 중랑천변 공원화 등의 호재로 사람들이 급관심을 보이던 시기였다. 성수동과 맞닿아 있어 저렴한 제2의 성수동을 원하는 사람들이 꿩 대신 닭으로 송정동에 관심을 갖기 시작했고, 슬슬 핫해지고 있던 시기였다.

둘째, 첫 도전은 안정적으로

2021년 초에 송정동에 임장을 갔는데 이미 중랑천변의 매물은 2020년에 다 팔렸거나 말라 있었다. 안측 골목길에 빽빽한 주택도 이미 평당 3,500만 원을 넘어서고 있었다. 첫 투자라 연습 삼아 하려던 것이었는데, 괜찮은 물건을 발견하고 바로 분석을 시작했다.

2021년 5월에 9억 원에 나온 매물로, 3종일반주거지역, 북측 10미터 도로에 인접해 있다. 다음 사진으로 보았을 때 좌측 부분 대로는 광진구와의 경계로 대로변에서 가시성이 나오는 매물이다. 대지 평수가 작지만 가시성과 저렴한 가격이 큰 장점이다. 꼬마빌딩은 상업시설이 기반이 되어야 하기에 주택 사업을 하지 않는 이상 골목보다는

2021년 9억 원에 나온 송정동 물건

가시성이 확보되는 곳이 기본이다. 스타 셰프라면 사람들을 골목 안으로 찾아오게 만들 수 있지만 우리는 그렇지 않다. 첫째도, 둘째도 가시성이다.

첫 투자라 그럴까 직업적 특성 때문이라 그럴까? 분석에 분석을 거듭했다. 9억 원이면 아무리 봐도 괜찮아 보였다. 그리고 지인에게 물어도 보았다. 지인은 땅이 너무 작아 보인다고 했다. 맞는 말이었다. 사실 작은 대지에서 3종일반주거지역 건폐율 50%면 공용공간을 빼면 남는 게 별로 없다. 그러니 리모델링으로 가야 한다는 결론이 나온다. 송정동은 리모델링 활성화 지역이라 도전해볼 만한 가치가 있었다.

호가 9억 원인데 저평가라 감정가도 매가수준으로 나온다. 대출은 7억 원 정도 가능하고 취득세 및 각종 부대비용 포함 실투자금 3억 원 언더로 가능한 곳이었다. 1년 안에 대출이자를 제하고도 시세차익 100% 정도는 바라볼 수 있는 곳이었다. 하지만 첫 투자라 신중에 신중을 기하다 보니 두 달이 지났고 매물이 들어가버렸다. 6개월 후에 그곳은 11억 원에 거래되었다. 11억 원에 거래 된 것도 충분히 먹을 만했기 때문이며 현재 13억 원 정도로 평가하고 있다. 그곳뿐만 아니라 현재 송정동은 최근 1년(2021~2022년) 사이에 대체적으로 50%~100%의 상승이 있었다. 앞에서도 언급했지만 오를 때로 오른 곳보다는 오를 수 있을 것 같은 곳을 찾아야 한다.

셋째, 자신만의 기회의 땅을 찾아라

그 이후로 100개 이상 건물을 봤던 것 같다. 수많은 임장과 리서치 끝에 주목한 곳은 바로 신설동이다. 신설동은 한창 핫한 성동구의 바로 위쪽에 위치하고 있다. 신설동의 골목길들을 보면 옛 성수동의 모습이 느껴진다. 성수동의 힙한 기운은 이제 서서히 신설동으로 확장되어 가고 있었다. 동측으로는 한창 개발 중인 청량리가 위치하고 서측으로는 서울의 센터 종로가 위치한다. 서울시청, 성동구 서울숲 모

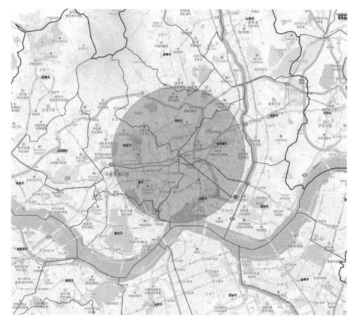

지도로 본 신설동 반경 4㎞의 모습에서 알 수 있듯이 신설동은 5개구의 결절점(여러 가지 기능이 집중되는 접촉 지점)으로 볼 수 있다.

신설동 거리의 모습. 호기심을 불러일으키는 가게들이 있으면 상권발달에 도움이 된다.

두 반경 4㎞ 내외다. 주변이 요지로 둘러싸여 있으며 힙하면서 저평
가된 곳을 서울에서 찾으라면 단연 신설동을 꼽을 수 있다. 꼬마빌딩
은 대형주거단지보다 분산 배치된 소규모의 아기자기한 주거단지에
있는 것이 더 유리하다. 또한 획일화된 업종보다는 다양한 업종으로
구성된 거리가 꼬마빌딩의 성장을 도울 수 있다.

신설동역은 특이하게 5개구(성동구, 동대문구, 중구, 성북구, 종로구)에
인접해 있으며, 지하철 3개 노선이 지난다. 인근에 자이르네 아파트
가 건설 중이고 역 건너 맞은편으로는 신설 1구역이 추친 중이다. 신
설동이야말로 내가 찾던 곳이라 느끼게 되었다. 성수동이나 연남동
등 이미 발달되어 있는 상권을 보다 왔다면 실망스러울 수도 있다.

하지만 '왜 이렇게 늦게 성수동을 알게 됐을까?'라고 한탄해본 사람이라면 생각이 다를 것이다. 나 역시 그런 사람이었기에 신설동을 택하게 되었다. 성수동에서 살았고 건축사사무소도 운영했던 내가 보았을 때 이곳 신설동에서 옛 성수동의 모습이 보였다.

본격적인 건물 투자

어떤 대지를 선정하고, 어떻게 사야 할까?

건물의 용도에 따라 대지 선정 시 우선시해야 할 사항이 각기 다르다. 다가구주택으로 임대를 줄 것인지, 다세대주택으로 분양을 할 것인지, 근생으로 갈 것인지, 근생 중에서도 통사옥을 염두에 둔 것인지에 따라 우선순위가 달라질 수밖에 없다. 주거용 빌딩을 계획하면서 근생용 대지를 찾다보면 사업성이 나올 수 없는 것은 당연하다. 흔히 꼬마빌딩이라 할 때는 주거용보다는 상업시설인 경우가 많다. 특히 요즘은 통사옥인 경우가 많다. 각종 디저트 카페, 베이커리, 작은 규모의 회사 등 각자의 아이덴티티를 살리는 방향으로 아름답게 설계해 건물 그 자체가 홍보도 되고, 운영 및 관리의 용이성도 살리는 추세로 가고 있다.

한마디로 꼬마빌딩을 계획할 때는 통사옥을 염두에 두어야 하고, 유동인구, 접근성, 접도 상황 등 고려해야 할 사항이 다양하지만 그중 최우선은 가시성으로 하나의 광고판처럼 보여질 필요가 있다. 나는 되도록 대로변이나 가시성이 확보된 곳에 중점을 두었고, 상당히 저평가된 매물을 찾을 수 있었다. 상가주택이었는데 매도인의 사정으로 용도변경이 어려운 상태였다. 15억 원의 4층 상가주택이었다. 서울에서 아직도 15억 원대의 건물을 찾을 수 있다는 것에 놀랐다.

이 시기 내 취미는 건물 랜선 임장이었다. 각종 빌딩 중개사이트, 네이버, 밸류맵, 디스코 등을 통해 샅샅이 뒤졌고 신규매물 및 괜찮은 매물을 리스트화해두곤 했다. 다들 비슷하겠지만 보통 자기가 목표로 하는 규모의 건물 100개 정도를 보고 나면 대충 감이 온다. 주변환경, 상권, 접근성, 대지면적, 용도 등을 종합해보고 여긴 ○○억 원이면 사겠다는 기준이 생기는 것이다. 보통 그렇게 자신이 평가하는 가격보다 매가는 항상 10~20% 높은 경우가 대부분이다. 혹시 자신이 생각하는 가격과 매물의 가격이 같아서 연락해보면 그 매물은 이미 팔렸거나 거두어들인 경우가 많다. 따라서 빨리 움직이는 것이 관건이다.

이 물건을 보는 순간 본능적으로 나도 빨리 움직여야 한다는 느낌이 들었다. 그날이 금요일이라 바로 로컬 부동산에 연락해서 다음날 토요일로 방문 약속을 잡았다. 사실 그 순간까지도 전혀 계약을 할 생각은 없었다. 하지만 방문해보니 매물이 한눈에 들어왔고 마음에

신설동역 성북천의 모습. 천변은 가시성이 좋아 그 근처 건물을 눈여겨볼 만하다.

들어 계약 의사를 내비쳤다.

　그러자 중개사님은 나에게 "이번 주에 먼저 다녀간 사람이 있는데 그 사람은 이미 은행 탁상감정까지 완료한 상태이며, 월요일에 재방문 예정이니, 사장(나)님도 조금 더 고민해보시고 월요일까지 결정해 달라"고 했다. 나는 일부러 다급한 기색을 내비치지 않고 침착하게 "그 월요일에 온다는 분은 어떻게 쓰신다고 하던가요?"라며 넌지시 물었다. 중개사님은 "건축사사무소 통사옥으로 쓰시려고 하는 것 같던데요"라고 했다. 역시 사람들이 보는 눈은 다 같았다. 나도 그곳이 면적은 작지만 가시성이 좋아 통사옥으로 특색 있게 짓기 좋은 자리라고 생각했던 것이다. 다른 건축사도 같은 생각을 했다는 것에 확신이 들었다.

이미 한번 결단을 내려야 할 순간에 결단을 내리지 못한 경험을 했기에 이번에는 강하게 밀어붙였다. 중개사님께 바로 계약금을 보내겠다고 얘기했다. 오후에 방문했는데 어느덧 해가 지고 있었고, 중개사님은 내일 낮에 다시 오라고 했다. 왠지 그러면 안 될 것 같은 예감이 들어 강하게 밀어 붙였고 결국 계약을 성사시켰다.

요즘도 그렇지만 당시도 주택이 포함된 상가주택보다는 올근생건물이 선호되는 시기였다. 그래서 잔금 전 용도변경으로 매도인은 양도세 혜택을 보고 매수인은 취득세 혜택을 보는 방식의 거래가 대세였다. 최근 불가능해지긴 하지만 그 당시는 대부분 그렇게 거래를 했고, 또한 이 물건은 급매이기도 했고, 개인사정으로 용도변경이 쉽지 않았기에 저렴했던 것이다. 용도변경 불가라는 점이 걸렸지만 일단 가격이 저렴했기 때문에 용도변경은 생각하지 않고 일단 계약을 했다.

용도변경이 된다면 취득세에서 수천 만 원의 혜택을 볼 수 있기에 잔금날이 다가올수록 용도변경을 하고 싶은 도전 욕구가 생겼다. 꼬마빌딩의 수익성은 스스로 노력해서 조금씩 만들어 가는 것이다. 모든 과정이 다 그렇지만 건물도 한 단계씩 해결해갈 때마다 가치가 점프한다. 드디어 2022년 봄 이날의 결단으로 서울 동북권의 요지 신설 동역 인근의 가시성 좋은 40평 4층 올근생건물을 저렴한 가격에 매입할 수 있었다.

매가는 15억 원이었고, 감정가도 15억 원, 80%의 대출 12억 원을 받았고, 취득세 및 복비 등 부대비용 1억 원을 포함하여 총투자금은 4억 원이었다. 대출을 위해 기업은행, 신한은행, 국민은행, NH농협, 우리은행 등 1금융권 위주로 방문했다. 은행은 꼭 여러 곳을 다녀봐야 한다. 또한 은행마다 절차가 다 다르기 때문에 기업은행의 경우 계약 전에 방문하는 것이 좋고 나머지 은행은 상관없다. 또한 같은 1금융권이라도 방식이 다 다르고 대출액과 금리 면에서도 많은 차이가 있다. 2022년 6월 기준 3년 계약, 1년 변동 금리 3% 후반으로 계약했다.

감정평가액은 은행이 의뢰하는 감정평가사무소마다 제각각인데, 대체로 매가 이상의 감정가는 받기 힘들다. 요즘 각종 프롭테크의 감정가 기능을 활용할 수도 있는데 맹신은 금물이다. 이들은 일반적으로 주변의 거래가를 토대로 평균화한 것으로 각 대지의 고유한 특성, 예를 들면 접도, 가시성, 유동인구, 호재, 디테일한 건축법 등이 고려되어 있지 않고 일률적인 경우가 많다. AI설계도 마찬가지다. 내가 매입한 곳도 AI설계에서는 정북일조가 적용되어 있었지만 실제로는 정북일조가 적용되지 않는 곳이었다. 북측에 공원이 있거나 도로가 있거나 하는 일반적인 것들은 쉽게 보이지만 이런 경우는 놓치기 십상이다.

정북일조는 대지의 가치에 지대한 영향을 끼치는 부분으로 적용 유무에 따라 사업비뿐만 아니라 실용성 및 볼륨감과 계획적인 면에서 완전히 다른 건물로 만들어버릴 수 있다. 따라서 프롭테크를 맹신하지 말고 스스로 분석할 줄 알아야 한다.

건물 투자의 본질, 시세차익

건물의 시세차익은 두 가지의 복합과정으로 보면 된다. 구입 전 이익과 구입 후 이익의 합이다. 구입 전 이익은 앞에서 설명했다. '최대한 저평가된 곳을, 거기에 더해 더 저렴한 가격으로 깎아서 사라'는 것이다. 그 다음에는 구입 후 이익을 만드는 법에 대해 알아야 한다. 예전에는 근생건물을 매입하는 목적이 월세를 통한 임대수익이었던 적도 있었으나 현재는 매매를 통한 시세차익을 목적으로 하는 것이 대세다. 꼬마빌딩의 구입 후 전략은 크게 세 가지다. 첫째는 아무것도 하지 않은 채 시간의 경과에 따른 매매 시세차익, 둘째는 리모델링 후 매매 시세차익, 셋째는 신축 후 매매 시세차익이다. 당연히 투자금 및 수익은 후자일수록 크다.

신설동 건물은 신축 시 대지면적 40평, 용적률 200%, 연면적 100평(지하 1층 포함)일 경우 공사비 7억~9억 원으로 예상된다. 매매가는 32억 원 정도로 예상되며 세후 실수익은 5억 원가량 예상된다. 15억 원에 사서 30억 원에 팔면 사람들은 놀라겠지만 실제로 수익이 크지 않다. 공사비(평당 700만~1,000만 원)도 많이 올랐고 양도세, 공사기간 대출 이자에 각종 공사 민원 및 딜레이, 스트레스를 생각할 때 신축은 만만치 않다. 차선책으로 리모델링을 생각할 수 있는데 리모델링 비용도 엘리베이터 증설, 면적 증가, 구조보강 여부 등에 따라 신축하는 비용의 40~60%로 보면 된다.

정북일조 사선제한이 없어진 곳이라 신축하면 설계가 상당히 잘 나오는 곳이기 때문에 조만간 신축을 염두에 두고 최소한의 리모델링을 하는 것으로 방향을 잡았다. 용적률에 여유가 있었지만 엘리베이터를 설치하거나 최소한의 면적이라도 증축을 하는 순간 구조보강을 해야 하고 일이 커지게 되어 추후 신축 시 이중지출이 되어 버린다. 30년이 넘은 썩빌(오래된 빌라)이라 손볼 곳이 많았지만 지금 손대면 손대는 모든 것이 이중지출이라는 딜레마에 빠지는 상황이었다. 따라서 인테리어 수준으로 최소한의 리모델링 그마저도 셀프로 하자는 것으로 결론을 내렸다. 최소목표는 5,000만 원 이내로 잡았다.

15억 원에 매입한 건물의 예상 매가는 6개월이 지난 현재 18억 원이며, 셀프 리모델링 시 22억 원 정도가 기대된다. 최대한 리모델링 비용을 절약해서 최대한의 가치 상승을 끌어낸다면 실제 매가는 신축을 했을 때보다는 적을 수 있지만 사업비용을 줄여 사업수익은 비슷하게 가져가고 추후 신축의 기대감을 그대로 유지하는 전략이었다.

정리하자면 나는 총투자금 4억 5,000만 원(3억 원+1억 원(부대비용)+5,000만 원(리모델링 비용))과 12억 원의 대출(이율 3.9%)을 통해 이 건물을 구입했다. 서두에 말했듯이 '비관론이 최고조에 달했을 때가 매수의 최적기이며, 낙관론이 최고조에 달했을 때가 매도의 최적기'이다. 금리 인상으로 주식 및 부동산이 모두 위축되어 있지만, 누구나 가는 길을 간다면 부자가 될 수는 없다.

셀프 리모델링을 통한 최소의 비용으로 가치 올리기

빈티지 느낌의 벽체 철거

어차피 신축을 할 예정이고 과도기적으로 리모델링을 통해 자금을 최소화하자고 마음먹고 뭐가 좋을지 고민하다가 요즘 카페에서 많이 사용하는 공사장 컨셉으로 잡았다. 빈티지, 인더스티리얼, 폐허 스타일 등 부르는 방법도 다양한데 형태는 대동소이하며 전체적으로 자연스러움을 추구하는 디자인이다. 예전부터 이런 스타일의 자연스러운 카페를 자주 갔었고, 이런 공간에서 살아보고 싶기도 했다. 신축 시까지 사용을 위한 최소한의 투자 내지는 신축 전 매도의 가능성을 염두에 두고 적당한 사용성 증대로 가치를 높이고자 했다.

주거공간이라 벽체로 안방과 거실이 분리되어 있었는데 작은 공

내가 즐겨가는 빈티지 컨셉의 카페

벽체 때문에 답답하고 근생 느낌이 안 나는 공간

간을 둘로 나누다 보니 둘 다 애매해지고 거실 부분은 사실상 거실이라기보다는 복도로 사용되고 있었다. 근생 느낌이 나게 벽체를 털고 하나의 공간으로 사용하기 위해 평면도를 검토했다.

벽체가 조적벽(벽돌로 이루어진 벽)이면 괜찮으나 내력벽(콘크리트 옹벽)이면 면적에 따라 대수선으로 구청에 신고나 허가를 받아야 한다.

벽체와 천장만 제거해도 느낌이 살아난다.

보통 라멘조 건물의 경우 외벽 외에 내벽은 대부분 조적벽이다. 셀프로 리모델링을 하더라도 벽체 철거는 햄머드릴, 콘크리트커팅 등이 동반되기에 위험할 수 있어 철거업체에 의뢰하는 게 좋다. 천장제거, 바닥 제거, 벽지 제거, 벽체 제거, 폐기물처리 비용까지 최소 2~3군데 견적을 받고 진행하는 것이 좋다. 비용은 면적에 따라 다르지만, 나의 경우(층당 20평, 2개층 정도의 규모) 부가세 포함 200만 원이 소요되었다.

목적에 맞는 합리적인 단열재

건물의 바닥, 벽, 천장이 드러나면 첫 번째 마주하는 문제는 단열

최상층에 단열재가 있는 4층 천장

이다. 특히 최상층은 천장에 단열재가 붙는데 단열재를 떼버리면 단
열을 위해 다시 단열재를 붙여줘야 하는 노력과 비용이 추가적으로
들어간다. 앞서 언급했듯이 나는 최소한의 비용과 빈티지라는 컨셉
을 합리화시켜 기존 단열재를 존치시키고 위에 덧방을 치는 방향으
로 결정했다. 요즘 셀프 시공 시 많이 사용하는 이보드라는 것이 있
는데 한쪽 면은 단열재로, 반대쪽은 페인트나 벽지가 붙기 좋은 재질
의 보드가 붙여져서 나오는 획기적인 재료다.

두께별로 나오는데 두꺼울수록 단열성능이 올라가지만 비용이 증
가하고 무게로 인해 시공이 어려워진다. 기존 단열재에 덧방을 하는
것이라 단열성능에도 크게 문제가 없고 마감재 역할을 해주는 것을
목표로 했다. 기존 단열재 위에 덧시공하기 때문에 다소 굴곡이 지고

이보드. 단열재에 마감재가 붙어 있는 재료로 단열재 면에 접착제를 발라준다.

깔끔하지 않을 수 있다. 하지만 컨셉이 빈티지니까 괜찮다. 깔끔한 걸 원한다면 철거하고 새로 해야 하기 때문에 비용이 크게 올라간다. 접착제는 여러 종류가 있는데 통에서 퍼서 쓰는 접착제보다는 뿌리는 폼접착제를 추천한다.

천장의 경우 이보드 자체 무게도 있어서 빠른 경화가 필수다. 경화 시간이 짧아도 무게가 상당해서 받쳐줄 것이 필요한데, 나는 일반 옷걸이행거를 사용했다. 마치 공사장에서 거푸집을 받쳐주는 동바리와 같은 역할을 한다. 한 번 쓰고 버릴 것이기에 중고마켓에서 구입했다.

셀프 벽지 제거와 미장

기존 벽지 중 50% 정도의 면적이 엠보싱 형태의 벽지인데 뚝뚝

오래 전 엠보싱 형태의 벽지

끊어지고 전 소유주가 수차례 페인트 덧방을 먹여서 제거가 쉽지 않아 철거업체에서 비용을 많이 요구했다. 그래서 그 부분은 제외하고 나머지 부분은 셀프로 제거했고 50만 원가량을 세이브할 수 있었다. 스프레이로 물을 듬뿍 묻혀서 불린 다음 제거해야 한다.

이보드를 벽면에도 붙였다. 벽지 제거 후 몰탈 위에 바로 페인트를 발라도 느낌이 나쁘지 않지만, 단열을 생각해서 외기에 접하는 일부 벽체에는 이보드를 붙였다. 면적에 따라 다르겠지만, 나의 경우 이보드 비용은 접착제 및 배송료 포함 총 80만 원 이내였다.

벽체 제거 후 높이 차이가 생기는 부분을 미장으로 메워줬다. 시멘

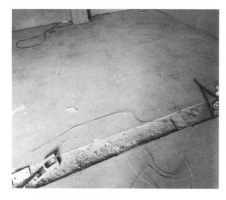

셀프 공사의 꽃 미장

트 몰탈과 미장용품은 인터넷으로 쉽게 구입이 가능하다. 시멘트는 무겁기 때문에 10kg 단위의 소포장을 주문했고 총비용은 도구 포함 10만 원 내외였다. 바닥을 에폭시라이닝으로 할 계획이었기에 수평 몰탈로 다시 한 번 평활도(표면의 매끄러운 정도)를 잡아줄 예정이라 대충 메워주면 되었다.

가시적인 성과가 눈에 띄는 페인트 작업

페인트는 실내용 수성페인트를 주문해주면 되는데, 일반적으로 2~3회 정도를 칠해줘야 한다. 8인치 롤러와 틈새를 위한 붓, 천장을

페인트 칠하는 모습. 페인트 작업은 가시적인 성과가 가장 크기 때문에 힘이 난다.

칠하기 위한 롤러봉이 필요하며 다른 작업에 비해 난이도가 가장 낮지만 드라마틱한 성과가 보이기에 재미있게 느껴지는 작업이다. 이보드와 이보드 사이의 틈을 퍼티로 메워주고 사포로 갈아준다면 더 깔끔한 결과를 얻을 수 있다.

이보드를 붙이지 않은 미장 노출면도 곰보 자국들이 많아 퍼티로 메워주면 좋기는 하지만 나는 이런 부분은 손이 많이 가서 하다 말았다. 컨셉이 빈티지라 그런 것 자체가 바로 멋이기도 했기 때문이다. 셀프 리모델링을 한다면 어느 정도 타협점이 필요하다. 깔끔함과 완벽함을 원한다면 중도에 지쳐 포기하게 될 것이다. 그런 것을 원한다면 애초에 셀프보다는 맡기는 게 낫다.

셀프의 장점은 비용 절감도 절감이지만 스스로 내 건물의 구조를 이해하고 보람을 느끼며 투박함에 애착을 갖게 된다는 점이다. 페인트는 층별로 색상을 컨셉으로 잡고 2~3가지로 진행했다. 3층은 화이트 앤 그레이로 차분하게, 4층은 화이트 앤 블루로 산뜻하고 가벼우면서 루프탑을 위한 전이공간으로 설정했다. 페인트 작업에는 도구 포함 40만 원 정도의 비용이 들었다.

공간의 분위기를 좌우하는 조명

조명은 공간의 분위기에 가장 영향을 많이 주는 요소다. 빛 색깔도 고민을 많이 했는데 색 온도라 해서 K값이 높아질수록 푸른빛이 되고 낮아질수록 주황색에 가깝게 된다. 요즘 상업 공간에서 선호하는, 어느 정도 아늑하며 작업이 가능한 오후의 빛 색깔 3,000K로 정했다. 조명은 전기배선과 밀접한데, 위험할 수 있고 전문지식이 필요하기 때문에 전문가에게 맡기는 것이 좋다. 오래된 건물이라 전선이 노후

요즘 대세인 레일조명. 다운라이트, 라인라이트 등 다양한 조명으로 세팅이 가능하다.

되었고, 그 당시보다는 현재 전기사용량이 많이 증가했기 때문에 분전반, 배선, 콘센트를 모두 교체했다. 셀프 공사 중 가장 많은 지출이 있던 부분이었는데 공임과 재료비가 모두 포함되었기 때문이다. 전기 배선 관련 부분 일체, 라인조명, 레일, 기타 간접 조명을 포함하여 300만 원의 비용이 들었다.

바닥과 장판 셀프 리모델링

바닥은 에폭시라이닝으로 계획했다. 에폭시라이닝은 상업공간의 상징이기도 했고 빈티지한 공간에도 고급스러운 무게감을 줄 수 있다.

에폭시라이닝

프라이머 칠하는 모습

에폭시라이닝은 에폭시보다 두껍게 시공되어 광택감이 좋고 내구성이 좋다. 두껍게 시공하기 위해서는 바닥이 수평으로 잘 정리되어야 하기 때문에 일단 수평 몰탈로 먼저 수평면을 맞추어주어야 한다.

수평 몰탈은 일반 몰탈과는 다르게 유동성이 강해서 스스로 흐르면서 수평을 잡아주고 경화가 빠르며 수축 갈라짐이 적다. 일반적으로 어느 정도 수평을 맞추어주려면 최소 5~10mm 이상 올려 주어야 하는데 내 경우는 맡길 경우 150만 원 정도의 비용이 든다. 셀프 시공 시 수평 몰탈, 교반기 및 밀대, 양동이 정도만 구비하면 간단하게 작업할 수 있다. 이 작업에 수평 몰탈 20kg짜리 25포대, 프라이머, 기타 도구들을 포함하여 50만 원 정도 소요되었다. 수평 몰탈 작업은 교반에 필요한 물도 틀어 주어야 하고 무게도 제법 나가서 혼자

수평 몰탈 작업

하기보다는 지인과 같이 하는 것을 추천한다. 수평 몰탈을 붓기 전에 프라이머를 먼저 칠해주어야 한다. 몰탈 면에 먼지와 이물질들이 많아서 수평 몰탈이 들뜨게 될 수 있는데, 프라이머는 일종의 접착제로 이물질들을 정리해서 수평 몰탈이 잘 부착되도록 만들어준다.

수평 몰탈을 물과 섞어 줄 때는 교반기가 필요한데, 우리처럼 셀프로 할 때에는 전동드릴에 교반날을 구입해서 사용하는 것을 추천한다. 교반날은 인터넷이나 철물점에서 1만 원 이내로 구입 가능하며, 전동드릴은 무선보다 유선을 사용해야 한다. 몰탈이 점성이 있어 부하가 많이 발생하며 발열도 크다. 교반 후에는 구석부터 부어주고 중간 중간 밀대로 밀어주면 스스로 흘러가며 수평이 맞추어진다. 다만 경화속도가 빠른 편이라 시간이 지체되면 굴곡이 생길 수 있다.

에폭시라이닝 비용으로는 셀프로 할 때 전체적으로 100만 원 정

외부 계단도 장판을 깔아주면 아늑해진다.

도가 예상되었다. 하지만 시공하려던 찰나 마블무늬 장판으로 계획을 변경했다. 내가 원하는 공간은 유니버셜한 공간이었다. 미용실, 필라테스 공간, 사무실, 사택으로 다양하게 사용되길 원했다. 그런 사용성에 일부 제한이 있어서 에폭시라이닝에서 장판으로 변경했다.

장판은 셀프로 해도 비용 절감이 크지 않고 재단으로 인한 손실 및 패턴사이즈 등 감안해야 할 부분이 많아 맡기는 게 좋다. 다만 견적을 낼 때 차이가 크기 때문에 원하는 제품명을 확정하고 정확히 사이즈를 실측하거나 방문 견적 등을 받아보는 게 좋다. 나는 계단까지 마블로 시공했다. 보통 200~300만 원의 비용이 든다고 했는데 가장 싼 곳에서 부가세 포함 190만 원에 진행했다.

마블무늬 장판은 2mm대로 3층과 4층에 각각 다른 브랜드의 다른 제품을 사용하여 작업했다. 두 경쟁사 제품을 비교해보려고 했는데

마블무늬 장판시공

대동소이했다. 두께에 따라 가격이 급격히 올라가는데 가성비를 생각하면 너무 두꺼운 것보다는 적당히 타협하는 것도 괜찮다.

문과 창틀 페인트 및 문손잡이

내부 작업은 거의 다 끝나고 소소한 것들만 남아 있는데 그런 것 중 하나가 문 페인트와 창틀 페인트, 문손잡이다. 기존 올드해보이는 나무색 문에서 색상만 다시 칠해주어도 새것처럼 보인다. 벽이 화

기존의 낡은 문손잡이 교체 모습

이트 톤이라 문에 포인트를 주고자 했다. 특히 문손잡이 교체는 셀프 공사 중 가장 쉬운 작업으로 개당 1만 원 안쪽에서 가장 큰 만족감을 얻을 수 있다.

도어락은 무언가 좀 더 고급스러워 보이는 푸쉬풀(6만 원) 방식으로 구입했다. 문손잡이 교체의 심화버전 정도라 생각하면 된다. 기존 철제 현관문에는 요즘 추세에 맞게 무광그레이필름(4만 원)을 붙였다. 주출입구의 공간감 개선을 위해 커튼(4만 원)을 달았다. 이로써 내부 인테리어는 거의 끝났다. 총 소요된 금액은 1,000만 원 안쪽이고 업체에 맡겼다면 철거, 미장, 목공, 전기공사 등 2,000만 원 중반 정도 나오게 된다.

당초 셀프 리모델링 예산으로 5,000만 원을 잡았고, 앞으로 루프탑 공사, 외부조경 및 환경정리, 외장 변경 등이 남아 있다. 외장 인테리어가 바뀌어야 밖에서 보았을 때 리모델링된 티가 난다. 루프탑

도어락 및 필름지 시공

은 업체를 통해 진행하면 2,000만 원 정도 소요될 것으로 보이며, 나만의 방식대로 셀프로 진행하면 500만 원 정도가 들 것으로 예상한다. 내년에 진행할 계획이며 앞으로 '5,000만 원으로 리모델링' 도전은 계속될 것이다.

셀프로 리모델링을 하면 투박하고 수고스러울 수는 있다. 하지만 비용 절감 및 건물에 대한 애착과 추억이 생기고 앞으로 하게 될 다른 공사를 위해 방식이나 가격 등의 지식을 얻을 수 있어 한 번쯤 관심을 가질 필요가 있다.